L'ÉLYSÉE-BOURBON.

IMPRIMERIE DE A. BARBIER,
RUE DES MARAIS S. G., N. 17.

L'ÉLYSÉE-BOURBON.

PARIS

URBAIN CANEL,   ADOLPHE GUYOT,
104, rue du Bac.   18, place du Louvre.

MDCCCXXXII

LE VOYAGEUR.

I.

L'ÉLYSÉE-BOURBON.

CHAPITRE PREMIER.

Le Voyageur.

Dans le mois de mars de cette année, au plus fort de ce vent sec et glacial qui a pris la ville au bas-ventre et l'a jonchée de cadavres, un étranger entrait à Paris par la barrière de l'Étoile. C'était un homme à l'œil bleu, au sourire rêveur ; un fanatique à froid, un enthousiaste calme, un héroïque bourgeois des hautes terres, dans l'Amérique du Nord; homme moitié Anglais, moitié Américain, indécis sur les principes opposés qui partagent le monde, amoureux de liberté pour lui-même, et membre souverain dans sa famille, comprenant très-bien et en même temps l'émancipation de l'humanité et la traite des noirs. Il arrivait à Paris, poussé par je ne sais quel vague besoin de curiosité qui l'avait arraché à ses forêts encore sauvages, à sa femme à demi-noire, à ses grands enfans, à ses eaux jaillissantes, à ses nègres, à ses cannes à sucre, à ses journaux sans fin, à toute cette vie de sauvage et d'homme civilisé, que vous rencontrez encore dans les États-Unis, en attendant qu'ils entrent tout-à-fait dans notre civilisation telle qu'elle est, tardive, bâtarde, complète, louche, égoïste, malheureuse ; civilisation de procureurs du roi, de préfet de police, de philanthropes et de gardes municipaux.

Il avait quitté son pays pour cela, pour voir la France. Il avait entendu tant de choses de notre pays si agité ! Puis, comme c'était un rêveur, il était bien aise de voir par lui-même ce qu'avait produit la révolution de juillet, dont on disait un bien immense dans la république du Nord.

La révolution de juillet, là-bas, à entendre les parleurs, c'était le plus étrange et le plus excellent phénomène qui aient converti le monde aux doctrines libérales. On l'avait placée là-bas sur un piédestal de marbre et d'or, comme le complément de toutes les recherches des philosophes et des légistes. La pensée de Platon était réalisée, disait-on là-bas, la république de Platon n'était plus un rêve, la France était devenue le nouvel Eldorado tant cherché à dos de mouton depuis le 18e siècle. Nous étions si heureux et si riches! et si libres! la patrie française était florissante! les arts allaient au ciel! voilà ce qu'on disait de nous dans l'Amérique du Nord.

Notre Américain venait donc à Paris tout exprès pour nous voir.

Mais, ô l'horreur! ô le triste spectacle! ô Paris si pauvre, si affligé, couvert d'un crêpe!

ô le Paris de 1832!... Ce jour-là, surtout, c'était un jour mal choisi à un fanatique de liberté et de bonheur pour faire son entrée dans Paris.

C'était au plus fort de la peste. Le silence enveloppait les maisons; le deuil enveloppait les âmes; de longues voitures circulaient dans la ville, chargées de tentures noires; les cercueils étaient entassés hâtivement sur les brancards, comme une marchandise de contrebande; de larges fosses, ou plutôt de vastes abîmes creusés dans les cimetières, ouvraient une bouche béante à la mort qui jetait là ses victimes amoncelées; le ver du cercueil était trop occupé pour avoir affaire à tous ces cadavres, la pourriture bleue faisait l'office du ver. Si vous eussiez vu Paris comme il était ému! comme il se cachait! comme il tremblait de tous ses membres! Paris la belle ville, la ville de juillet, éclose nouvellement sous le soleil de juillet! Quel moment! et quelle peur! et quelle heure pour entrer dans Paris!

Les descriptions de pestes ne manquent pas dans les livres. Parmi les historiens, c'est à qui fera la plus belle peste. Mais la peste de Paris a cela de particulier, qu'elle est silencieuse et muette; peste d'hommes civilisés qui cachent leur frayeur, peste de savans qui dissimulent leur ignorance, peste d'une populace qui se meurt seule et la première donnant par sa mort un démenti formel et sanglant aux doctrines d'égalité dont on l'amuse depuis un demi-siècle ; terrible peste, qu'on n'ose pas appeler la peste, comme c'est son nom ; fléau qui tombe et qui tue, et qui ravage, et qui se promène familièrement dans la ville, et qui mord en embrassant, et qui vous touche dans la main ; et qui vous enlève votre portier, le mauvais plaisant qu'il est ! Quand nous avons été surpris, nous autres, par cet inconcevable mal, nous avons ouvert de grands yeux et une grande bouche imbécille, inhabiles que nous étions à rien comprendre à ces tortures. Aussi le silence de la ville, dans les premiers jours, ne saurait ni se décrire ni se concevoir !

Rien ne s'agitait dans ce calme plat, excepté le corbillard qui allait au galop. Rien ne parlait dans ce silence, excepté un jour la voix du peuple qui a parlé; et comment a-t-elle parlé cette voix formidable? Elle a parlé comme parle la voix du peuple, par le fer, par les coups, par les injures, par le meurtre, par le sang, par toutes les colères et toutes les violations. Le peuple, qui se croyait empoisonné, a tué d'innocentes victimes qui fuyaient tremblantes devant le poison; il a déchiré de ses ongles plusieurs pauvres diables qui se privaient de pain pour acheter du chlore; il a terriblement crié le peuple! Heureusement que la mort prévoyante a jeté au peuple quelques cadavres de riches; ces cadavres d'hommes riches ont apaisé la grande voix; cette voix apaisée, le silence est redevenu immense; chacun s'est occupé à mourir en paix. Le silence, après ce grand bruit si sanglant, était à faire peur.

Plus de joie! plus de fêtes! plus rien de la vie active! Les barrières se vidaient, les cabarets attendaient, l'amour était interrompu, la Bourse même, cette chose qui a tout remplacé en France, amour, patrie, vertu, courage, héroïsme guerrier, bonheur, religion, beaux-arts, la Bourse même se taisait et se couvrait de deuil! Je ne puis pas trouver de meilleur trait pour achever ce tableau de la peur.—Oui, la Bourse même se taisait! Comprenez cela.

A la porte des marchands de vin, si fréquentée, même aux temps de révolution, personne ; pas un joyeux porte-faix qui se réjouit à l'eau-de-vie et au soleil ; pas un marchand de charbon au vaste chapeau et aux dents blanches qui étincellent au milieu de la face noire ! Le cabaret appartenait exclusivement au croque-mort. Le marchand de vin était l'esclave de l'homme des funérailles. On les voyait, ces porte-faix de la peste, arriver deux à deux à la grille bachique, faire attendre leurs morts à la porte, et boire en trinquant leur *pour-boire* de la journée, car c'était là un bon temps pour le croque-mort. Il était roi de ce monde à son tour ; le roi de ce monde Parisien.

HISTOIRE.

CHAPITRE II.

Histoire.

Et qui ne l'a pas été à son tour le roi de ce monde? qui n'a pas fait sentir son sceptre de fer, sceptre d'un jour, à cette pauvre société haletante? Quand les maîtres légitimes s'en vont reste la force pour souverain maître. Or, rien ne change, rien ne varie, rien ne ment et ne trompe comme la force. Tour à tour c'est le sophisme du rhéteur qui domine, c'est la parole ardente de l'orateur, c'est le glaive du bourreau, c'est le fer du soldat, c'est le prêtre en surplis, c'est le gentilhomme brodé, c'est le journal, puis enfin vient le tour du médecin, et après le médecin, quand tout est dit pour ces rois d'une heure, arrive le croque-mort, qui s'empare du monde, qui monte sur son char de triomphe, et qui règne à son tour le plus respecté et le plus logique de tous ces rois d'une heure et d'un jour.

LA RENCONTRE.

CHAPITRE III.

La Rencontre.

Je rencontrai donc notre Américain par une de ces tristes journées; j'allais vite comme si j'avais dû heurter dans ma route un convoi funèbre. Mon homme, qui cherchait à qui parler et qui ne trouvait personne à qui demander son chemin, mon homme, peu habitué aux belles manières, se posa debout devant moi et m'arrêta tout court. J'imaginai qu'il était cholérique et qu'il me prenait pour un médecin.

— Monsieur, lui dis-je, tant nous étions égoïstes alors, je ne suis pas un médecin, laissez-moi; vous voyez bien que moi-même je suis malade; ma face est livide comme la vôtre, mon œil est contracté dans son orbite, mes dents grincent, je sens d'horribles dérangemens dans mes entrailles, et j'entends mon estomac qui chante *Malboroug s'en va-t-en guerre* avec des variations; vous voyez bien que je suis aussi malade que vous.

Disant cela, je hâtais le pas, retenant ma

respiration, comme si j'avais peur de respirer l'air cholérique de mon interlocuteur.

— Monsieur, me dit-il, vous êtes prudent, mais c'est trop de prudence. Je ne suis pas aussi malade que vous en avez l'air ; je suis au contraire un robuste gaillard des hautes terres, fort bien nourri de venaison et de vin de Porto, un véritable Américain pour les voyages et pour le cœur, bien portant d'esprit et de corps. J'ai vu la fièvre jaune sous tous les aspects, monsieur ; j'ai entendu plus d'une fois siffler le choléra à mes oreilles ; il n'y a pas un printemps qui ne nous apporte une épidémie avec les fleurs nouvelles, le gazon vert et le chant de l'oiseau au sommet de l'arbre ; mais avec du courage, avec un esprit et un corps bien fait, on se préserve de tout cela, monsieur! Ainsi fais-je; faites donc comme moi, et au lieu de me regarder avec ces yeux égarés au milieu de ce visage pâle, prenez mon bras avec confiance, et causons; aussi bien cela vous distraira quelque peu.

La figure de cet homme était bonne, son air était franc, son aspect loyal : j'avais tout lieu d'être rassuré d'ailleurs. Je pris son bras; nous marchâmes côte à côte, et naturellement je lui demandai qui il était, où il allait, d'où il venait; je lui fis, en un mot, toutes les questions qu'on s'adresse au bout d'un quart d'heure dans une diligence, à la première montée du chemin.

Il répondit franchement à mes questions.

— Je m'appelle George Brown, me dit-il, planteur américain. Je viens à Paris pour voir la révolution de juillet, dont on m'a tant occupé l'âme et les oreilles là-bas. Arrivé d'hier dans cette ville, je suis allé à la découverte d'un vieil ami que j'avais ici et sur lequel je comptais; il est mort cette nuit. Je suis donc seul à Paris, d'autant plus seul que toutes les maisons sont fermées; dans les rues personne, aux fenêtres personne, personne nulle part. Que vais-je devenir? Et vous, monsieur, qui êtes-vous? comment vous nommez-vous, s'il vous plaît?

— Moi, lui dis-je, je suis un pauvre artiste que notre révolution de juillet a jeté dans le découragement. Je vis sans but et sans plan, au jour le jour, regrettant mes émotions perdues, regrettant le passé, regrettant mon avenir; le présent me fait peur. Si j'étais comme vous, Américain, monsieur, et si j'avais l'honneur d'être planteur, bien habile serait-il celui qui me ferait traverser la mer pour voir de près notre dernière révolution. Quels sont donc les menteurs qui vous en ont parlé ?

Ma mauvaise humeur produisit une profonde impression sur l'Américain. — Jeune homme, me dit-il, vous êtes bien dur pour mes faiblesses. Respectez, je vous prie, l'admiration d'un étranger pour une belle chose;

ne heurtez pas dès l'abord mon fanatisme pour la France de 1830, cela serait peu charitable à vous et fort peu hospitalier. Toutefois, je veux bien convenir que l'aspect de la ville est triste, que les citoyens sont bien silencieux, que ce ciel parisien, ce ciel d'un printemps qui commence, agace désagréablement les nerfs; mais d'un mauvais jour de soleil à une mauvaise révolution il y a bien loin, de la peste à la liberté la distance est immense. Laissez-moi donc l'admirer cette bienfaisante liberté! laissez-moi l'admirer tout à l'aise, laissez-moi embrasser sa pantoufle sacrée! que je l'adore avant que vous n'ayez brisé mon idole! ou du moins, monsieur, s'il faut que je la voie se briser, cette idole de ma vie, prouvez-moi que je me suis trompé, et que vous en avez le droit.

Ainsi il parlait; en même temps nous entrions à Paris.

LE PACTE.

CHAPITRE IV.

Le Pacte.

Je l'abandonnai un instant à son enthousiasme. Une fois arrivés au commencement du jardin des Tuileries, il se mit à tout regarder et à tout voir. Il s'arrêta au quinconce à droite de la grande allée.

— Qu'a-t-on fait de l'Atalante? me dit-il.

— Vous vous souvenez de l'Atalante? lui dis-je, tout étonné.

— Oh! reprit-il, j'ai toujours aimé l'Atalante. Je la vois encore qui courait là, vive et légère et le corps penché : c'est la statue que j'aimais le plus du jardin des Tuileries; qu'en a-t-on fait, monsieur?

Je le conduisis jusqu'au fossé nouveau, à travers une mare d'eau bourbeuse. Le fossé des Tuileries se dessinait en entier. Mesquine parodie des fossés féodaux, le fossé des Tuileries est la plus sotte innovation qui se pût faire : on est toujours tenté de cracher dans ce fossé pour le remplir. — Voyez-vous là bas, lui dis-je, dans ce coin, contre le mur, l'Atalante qui se cache, votre folle Atalante, votre jeune Atalante, la reconnaissez-vous, la pauvre fille, si bondissante au quinconce et rampante derrière le fossé? L'Américain regardait l'Atalante en soupirant.

— Qui donc a dérangé la jolie statue et qui donc a creusé ce vilain fossé? me dit-il tristement.

Je lui répondis, aussi gravement que je pus : — C'est votre amie et souveraine maîtresse la révolution de juillet.

— Diable! fit-il.

— Et si vous voulez la saluer, ajoutai-je, traversez le fossé; et si vous voulez baiser sa pantoufle, essuyez-lui le pied; il est taché de boue.

— J'aimerais mieux, dit-il, que vous veniez prendre chez moi une tasse de thé.

Il me dit alors qu'il demeurait à l'enseigne du Grand-Saint-Nicolas. — Justement, c'est l'hôtel où je loge, répondis-je, et je remercie le hasard qui nous réunit. En même temps, nous allâmes à l'hôtel du Grand-Saint-Nicolas.

LIAISON.

CHAPITRE V.

Liaison.

Nous fîmes tout-à-fait connaissance, nous fîmes amitié lui et moi. Deux hommes qui couchent côte à côte, séparés par une mince cloison, se connaissent après vingt-quatre heures. Ils se sont entendu dormir et vivre, et rêver; ils se sont entendu plaindre et prier, quand ils prient; ils se connaissent à fond. Nous nous connaissions déjà beaucoup, l'Américain et moi, en entrant dans notre hôtel.

Il était bonhomme et parleur, aimant le coin du feu comme tout père de famille qui a le bonheur de vivre isolé avec sa femme et ses enfans; il aimait la pipe aussi, cet admirable et inépuisable consolateur, toujours prêt, toujours rieur et sensible, fantasque amie qui vous entoure de tant d'images décentes! Il aimait la discussion politique, dont il savait les plus énergiques argumens; il aimait le vin chaud aussi et la flamme pétillante du punch quand elle flamboie, agaçante et jolie fille qui caresse le regard, qui se pose sous la main, qui s'emporte, qui s'apaise, et qui finit toujours par céder à nos emportemens d'amour. En un mot, il avait toutes les passions innocentes et tous les goûts d'un planteur américain.

Mais comme il était venu non pas pour parler, mais pour agir; non pas pour décrire, mais pour voir; non pas pour juger, mais pour admirer la révolution de juillet à tête que veux-tu, il m'assura, après les premiers cigarres fumés, qu'il me serait fort aisé de lui montrer le Paris moderne et les monumens modernes, et les grands hommes de la ville, et les fêtes et les arts, et les plaisirs de chaque jour. Il disait qu'il n'était venu que pour cela, et qu'il voulait aller voir au Panthéon quels héros nous y avions logés, et qu'il voulait s'agenouiller sur la place de la Révolution, et se couvrir la tête de la poussière de la Bastille, où sont ensevelis les héros de juillet. En même temps, il caressait à ses pieds une belle chienne de Terre-Neuve qu'il avait amenée exprès avec lui pour la faire couvrir par le chien du Louvre, lequel chien du Louvre il connaissait par la ballade de Casimir Delavigne, que l'on trouvait aussi belle que *la Parisienne* aux États-Unis.

— Mais, monsieur, lui dis-je en caressant la belle chienne, c'est un crime de vouloir abâtardir cette belle race : nous n'avons pas un chien aussi beau dans tout Paris que votre chienne ; le chien du Louvre n'est qu'un méchant caniche, voyez-vous, tout-à-fait indigne de Thisbé (elle s'appelait Thisbé).

L'Américain aspira longuement sa bouffée de tabac, il la lança gravement dans l'espace; puis, après avoir suivi le nuage jusqu'au plancher:

— N'importe, dit-il, ma chienne serait-elle plus belle encore, qu'elle aura le caniche. Ce caniche était le chien du Louvre.

En même temps, il caressait Thisbé avec plus de respect.

———

LE CHIEN DU LOUVRE.

CHAPITRE VI.

Le Chien du Louvre.

Ce fut notre seconde sortie dans Paris; la peste allait toujours. Nous sortîmes tous les trois, l'Américain, moi et Thisbé la jolie chienne. L'Américain conservait toujours son air étonné; la chienne marchait tête levée, moi je les regardais tour à tour. L'homme surtout m'amusait beaucoup ; je pensais à chaque instant : — Que va-t-il dire ?

Je leur fis prendre le plus long, comme c'est le devoir de tout bon Cicérone politique. Lui, tout préoccupé de juillet, ne songeait qu'aux hommes et aux choses de juillet. Sur la place de la Révolution, il vit un bloc de pierre surmonté d'un drapeau tricolore en lambeaux : — Qu'est-ce cela ? me dit-il croisant les bras.

— Cela ? lui dis-je ; ce fut un bloc de pierre élevé par Charles X à Louis XVI, roi de France. C'est le dernier monument que se soit permis la vieille royauté ; monument brut et inachevé, pierre informe et qui restera informe pour Louis XVI comme pour la révolution de juillet; éphémère pierre de taille qui passe de la légitimité à la révolution avec le sang-froid d'un homme d'État. A présent ce bloc de pierre est devenu un monument de la révolution de juillet, adorez-le !

— C'est une dérision cela ! dit l'Américain.

— C'est la vérité, répondis-je; c'est un des plus beaux et des plus arides monumens qu'on ait consacrés à la révolution de juillet. On ne serait pas plus économe en Amérique : croyez-vous ?

Le planteur baissait la tête et ne répondait pas. Après un instant de silence, il me dit : — Allons vers la place de la Bastille.

— Vous voulez absolument aller sur la place de la Bastille?

— Je veux saluer la cendre des héros ; nous irons voir après le chien du Louvre.

Et nous allâmes tout droit devant nous bien loin.

A travers ces rues sans commerce, à travers ces boutiques fermées, à travers ces maisons à louer, à travers ces ventes en justice, à travers ces ouvriers sans ouvrage, tout faits pour les émeutes, à travers ces conspirations avortées, à travers ces républicains hâves et livides, à travers ces royalistes élagués comme des bêtes fauves, à travers ces artistes muets et mendians, nous traversâmes toute la ville, la noble et heureuse ville de la révolution de juillet !

Les receveurs de l'impôt envoyaient leurs garnisaires, la police faisait ses visites domiciliaires, le juge d'instruction saisissait la presse libre, les jurés s'assemblaient du matin au soir, le tambour battait, on montait la garde nuit et jour, on se plaignait, on s'agitait, puis on mourait en silence.

L'Américain me dit tout bas : — C'est une triste ville, en vérité !

Et à la place de la Bastille, quand il y fut venu, à cette place qui porte un si grand nom et qui est chargée de si vastes ruines, quand il y fut venu, notre enthousiaste, et quand il vit au milieu de sales voitures de place, dignes de leur sale nom, les quatre morceaux de bois peints dignes du théâtre de l'Ambigu, quand il vit sur les planches noires les larmes effacées, quand il vit ce méchant Éléphant en terre cuite, quand il assista à cette vaste désolation, à cette mesquine parodie d'une fête populaire, quand il compara le monument au mort qui était enseveli là, l'héroïsme à la gloire, le bienfait à la reconnaissance, il fut indigné, le digne homme! indigné jusqu'à la colère.

—Oh! les ingrats! dit-il en joignant les mains.

— Que diriez-vous donc, si vous aviez vu

la fête telle que l'avait imaginée M. d'Argout? Que diriez-vous, si vous aviez vu brûler l'esprit-de-vin dans les sibilles de bois, et ces crêpes factices, et ces chants sans émotion, et ce vain cérémonial volé à l'empire? que diriez-vous? C'était bien misérable, en effet!

Il me serra le bras. — Je veux aller au Panthéon sur-le-champ, dit-il.

Et je le menai au Panthéon, déjà inquiet du nouveau chagrin qui allait lui venir.

O le Panthéon! ce mensonge vide et sonore; le Panthéon, cette usurpation de la vanité des hommes sur la divinité du Christ; le Panthéon, cette folie ensanglantée, ce parjure sanglant, cette honte dont le dôme a été emprunté au dôme de Saint-Pierre; le Panthéon, baptisé par une révolution, à qui cette révolution a donné tous ses héros immortels, et qui les lui a rendus dévorés par le ver; le Panthéon, contre lequel s'est brisée toute l'éloquence de nos orateurs, cette ruine sacrée et profane, ce double démenti donné à deux croyances, restauré en juillet avec du plâtre, nommé de nouveau par un comédien de mélodrame, qui écrivit le mot *Panthéon* avec de la craie, l'église de Sainte-Geneviève aux dômes dorés; le Panthéon, qui a fait un baron de M. Gros le décorateur;..... notre Américain voulait voir tout cela.

Et quand il eut vu tout cela, misère! Quand

il eut vu ces murs tout nus, ces inscriptions à la hâte, cette hésitation misérable du monument, qui ne sait plus au juste s'il est église ou monument profane, s'il est tombeau ou chapelle ; quand il eut vu ces autels sans parfums, ces cénotaphes sans honneur, ce bois blanc noirci pour la fête des funérailles, quand il eut vu tout cela, l'Américain, il fut prêt à se briser la tête contre les murs. Je compris combien il avait été une pauvre dupe des fantastiques récits venus de France. Il pesa dans ses deux mains ce *que pesait le corps d'Annibal;* il eut honte de nous et de lui-même.

— C'est un monument copié, dit-il, que celui-là.

— Du moins, lui répondis-je, c'est mon opinion. Je suis comme vous, monsieur, je n'aime pas qu'une révolution profite des monumens tout faits. Elle les brise du moment où elle y porte la main. Une révolution qui veut avoir des monumens à elle devrait être assez patiente pour les bâtir, ou, si la patience lui manque, elle devrait être assez sage pour s'en passer. Mais prendre le trône du roi légitime pour en faire le trône du roi-citoyen, effacer de la pierre de taille l'aigle qu'y a creusé la force pour y nicher la fleur de lis, dire au temple : — Tu n'es plus un temple; à l'autel du Dieu, tu n'es plus que l'autel d'un homme; profiter du marbre et de la pierre façonnés par d'autres et pour d'autres usages, c'est montrer certainement trop peu de prévoyance, c'est trop se hâter de jouir pour jouir long-temps, c'est vouloir vivre trop vite pour être immortel. A tout prendre, bien que je n'en sois guère partisan, je préfère encore les monumens en bois de sapin; s'ils durent peu, ceux-là, au moins sont-ils faits tout exprès, au moins appartiennent-ils à une pensée, à une architecture de la veille; au moins ne sont-ils pas forcés, pour la deuxième ou la troisième fois, de mentir à leur destination primitive. Voyez comme il est désert ce Panthéon! voyez comme elle est abandonnée cette église chrétienne! Faites-la tout-à-fait église ou tout-à-fait Panthéon, les adorateurs viendront en foule. Mais ici, grâce aux bouleversemens de tout genre, nous n'avons que des demi-monumens, des demi-héros, des demi-croyances! La révolution n'a que le choix entre le bois blanc ou le monument volé ! Les révolutions sont si impatientes de leur nature, hélas !

Mon ami m'écoutait avec un étonnement toujours croissant ; à force de voir, il commençait à comprendre que je lui avais montré Paris sous son vrai point de vue. Cependant il l'excusait encore. — Au fait, disait-il, un peuple est pardonnable de vouloir jouir tout de suite de sa victoire et s'improviser une immortalité telle quelle, en attendant mieux. La révolution de juillet a été un de ces rêves improvisés dans le sommeil et charmans qu'on cherche à retenir tant qu'on peut. D'ailleurs on m'a dit qu'autour de ces bois de la Bastille et autour de ces planches du Panthéon, la fête avait été belle, l'anniversaire grand et célèbre; vos poètes y ont chanté, et vous avez des poètes, n'est-ce pas?

— Oh! repris-je, nous ne sommes pas fiers de nos poètes. Il en a été de leur poésie comme de ce monument que vous voyez; la révolution de juillet a pris leur poésie toute faite comme elle a pris le Panthéon tout fait. L'un, en vingt-quatre heures, a calqué *la Parisienne* sur une cantate qu'il avait faite depuis cinq ans en pleine restauration; c'est le même rythme, le même vers, c'est le même air aussi; *la Parisienne* était toute faite comme le Panthéon; on a changé à celle-ci quelques rimes, et à celui-ci le frontispice. C'est une pitié! Quant au bon sens de ces poésies, il est nul.

Dans *la Parisienne* on parle des *cheveux blancs* de Lafayette, qui porte une perruque d'un beau brun, et qui n'a pas de cheveux. Toutes les autres chansons patriotiques sont de la même logique. On en a fait de quoi composer douze volumes in-folio. Chaque ville de France a sa *Nantaise*, sa *Lyonnaise*, sa *Bordelaise*, son *Orléanaise*; on a chanté dans les théâtres de Paris une chanson dont le refrain était :

Oui, désormais tous les Français sont frères,
Car la colonne a repris ses couleurs.

On a chanté cela en plein jour. Quant à la dernière fête du Panthéon, vous avez peut-être entendu parler en Amérique du vers funèbre qu'on a chanté chez nous; ce vers funèbre commençait ainsi :

Ceux qui pieusement sont morts pour la patrie!

Ceux qui pieusement a été chanté à tue-tête dans les voûtes qui ont entendu tant de mauvaises chansons républicaines. Je vous dis que c'est une pitié. Ainsi donc, quand vous parlerez de la poésie de juillet, parlez-en tout bas; car, voyez-vous, on vous rirait au nez.

Il me prit le bras sans rien dire, et nous descendîmes tout le quartier Saint-Jacques; nous passâmes le Pont-Neuf, et, arrivés au Louvre, j'allais parler.

Il me coupa la parole.

— Oh! ne me dites rien, ne me dites rien, s'écria-t-il; je comprends ce que vous allez dire. Assez! assez! cela. Nous sommes encore devant un monument de juillet. Voici du bois noir, c'est juillet; du bois noir et partout. Pas une pierre, pas un marbre, rien qui puisse durer plus d'un jour! Oui, vous avez raison, pitié! pitié!

Il y avait à ces croix de bois une sentinelle qui se promenait de long en large, attendant avec impatience la fin de sa faction. Nous entrâmes dans le tertre. Il y avait des fleurs fanées, des arbustes brisés, des crêpes en loques, rien qui annonçât une douleur soutenue ou des regrets désirables.

— J'ai vu cela bien beau, lui dis-je. Au

dernier des trois jours, on amena là quatre grands tombereaux pleins de morts. On fit deux larges trous, et dans ces vastes fosses on entassa les morts. C'étaient de beaux et énergiques cadavres ; ils étaient morts poitrine découverte et en souriant. Dans ce pêle-mêle sanglant et glorieux, un frère a reconnu son frère, une femme a coupé les cheveux de son mari, un tout petit enfant a baisé les mains de son vieux père, et personne ne pleurait. Et le soleil dardait et bien haut ! Et la terre était brûlante et glorieuse ! Et c'était un fanatisme populaire à réveiller le ciel ! Et dans cette foule qui était là admirant les cadavres, un d'entr'eux, héros déguenillé, fut chercher le prêtre pour bénir la terre, dernier linceuil de ces morts ! Et du sein des ruines sortit le prêtre en habit, suivi de l'enfant de chœur en habit et précédé du cierge qui brûlait; et la terre fut bénie, et cette grande révolution se termina par une prière chrétienne et une bénédiction chrétienne. C'était beau, c'était beau, cela! Et chacun leva son bonnet devant le prêtre; et il rentra avec l'enfant de chœur dans cette vieille église que vous voyez là-bas, dévastée, pillée, ruinée, portant au fronton ces mots en plâtre et sa seule sauve-garde désormais : *Mairie du IVe arrondissement.*

Et de toute cette pompe de deuil, voilà ce qui nous reste, monsieur; des fleurs fanées, des croix de bois et une sentinelle qui tremble devant le choléra! Ce n'était pas la peine de venir de si loin.

Alors il me demanda où était le chien du Louvre.

— Dans une cabane en planches ; un pauvre vieux chien griffon et galeux.

— Vous disiez que c'était un chien caniche, le chien du Louvre ?

— C'était un chien caniche il y a huit jours, monsieur.

— En ce cas-là, Thisbé, tu auras affaire à un beau chien de ton espèce, ma jolie Thisbé!

— En ce cas-là, monsieur, dis-je à l'Américain, je vous retiens le premier un des chiens de Thisbé.

Telle fut notre visite au chien du Louvre.

CONVERSATION.

CHAPITRE VII.

Conversation.

Je ne dirai pas toutes nos réflexions à propos de Paris; elles sont tristes et vous amuseraient peu. Ce digne homme surtout m'inquiétait et me faisait peine; il tombait de si haut de son admiration ! Je fis de mon mieux pour lui rendre la chute molle et facile. Je mis un bourrelet à la tête de son imagination;

je le menai à la lisière; je me fis le médecin bienveillant et attentif de cette folie d'un nouveau genre; je lui administrai tous les calmans possibles, je le traitai en enfant malade; lui ne concevait rien à tant de prévenances, moi je les comprenais fort bien dans mon cœur. Moi aussi, j'avais été fou de cette folie, moi aussi j'avais été malade de cette maladie funeste, moi aussi je suis tombé du haut de ces belles pensées de patriotisme et de liberté, grand précipice! Je fus donc touché de pitié pour notre Américain, et je le consolai de mon mieux.

Ensuite nous eûmes plusieurs conversations sur divers sujets qui appartiennent à la ville, sujets communs à tous les voyageurs; leur première question quand ils entrent dans les villes, le dehors et l'intérieur des villes; la vie de citoyen et la vie d'artiste; les promenades où les citoyens s'épanouissent au soleil; les maisons de plaisance où ils cherchent le repos le plus champêtre que puissent procurer les grandes villes; les musées, orgueil de l'esprit, imagination colorée de riches passés; le salon, espèce de tribune politique et littéraire ouverte le soir, à laquelle les femmes sont admises en première ligne, à laquelle tout artiste peut monter, pour peu qu'il ait de l'esprit et du style, sans présenter la note du receveur ou le registre de l'état civil. En un mot, toute la ville de juillet, nous l'avons passée en revue, moi et l'Américain, moi parlant beaucoup, lui écoutant beaucoup et parlant peu, moi le médecin guéri de la veille, lui le malade blessé du matin; moi qui le plaignais parce que j'avais souffert, lui qui se laissait plaindre par moi, qu'il ne connaissait pas et qu'il aimait; tant il était, en effet, à plaindre et malheureux!

PROMENADE.

CHAPITRE VIII.

Promenade.

Autrefois, monsieur, lui disais-je, il y a deux ans seulement, c'était pour nous une jouissance, presque une jouissance d'amour-propre, de promener les provinciaux et les étrangers dans notre bonne ville de Paris; les conduire dans les musées, dans les jardins, les salons, les bals, les spectacles; surprendre à chaque objet nouveau leur étonnement, leur admiration; le matin, leur faire voir l'intérieur des monumens, ceux qui s'achevaient, que l'on était en train de construire, ceux que l'on projetait et dont on traçait le plan; et le soir, à la pièce nouvelle, au drame historique, lugubre et sanglant, au ballet en vogue, au nouvel opéra de Rossini, ou même au vaudeville toujours prétentieux, toujours amusant, toujours risible. Vous qui connaissiez d'enfance tout ce tumulte, tout ce chaos de jeux, de fêtes, d'amusemens, de plaisirs vifs et variés, vous vous divertissiez presque autant que le nouveau débarqué; vous, Parisien, il semblait que tout cela vous appartînt, puisque vous aviez le droit de le montrer, d'en faire jouir votre parent ou votre ami, de l'amuser presque sans frais, presque pour rien, la peine d'aller de chez vous au Musée quand il y avait un Musée; et si vous demeuriez dans le quartier du Jardin des Plantes!

Maintenant, c'est à regret que nous montrons à un étranger Paris tel qu'il est aujourd'hui. Comment voulez-vous que nous le fassions valoir, que nous le montrions avec avantage, nous n'y croyons plus nous-mêmes, nous n'y avons plus foi; il nous semble si changé, si méconnaissable? Et notez bien qu'ici je ne parle pas du caractère intérieur, du moral de Paris, je parle seulement de son air, de son aspect : nous ne retrouvons plus ni la physionomie mobile et agitée des quais et des ponts; ni le tableau changeant des rues, des boulevards, des places publiques; Paris crie autrement, bourdonne autrement, ou plutôt il ne crie plus ni ne bourdonne : il reste des heures entières de la journée sans disputes, sans voix confuses et mêlées, sans juremens, sans éclats de rire, sans clameurs; il semble languissant et assoupi : on le croirait à moitié mort, si tout d'un coup, un matin, il ne se mettait à s'attrouper, à barrer les rues, à vociférer, à hurler en grossissant sa voix. — C'est une émeute.

Vous voulez voir Paris en détail, le connaître à fond, l'apprendre par cœur, vous n'y parviendrez pas : il y a deux ans, je ne dis pas, je pouvais encore me charger d'initier un étranger à toute cette vie tumultueuse, si en dehors, si expansive en apparence, et pourtant si insaisissable, si inintelligible pour quiconque n'est pas dans le secret. Alors, nous aurions pris quelque part notre point d'observation, au Pont-Neuf ou au pont des Arts, et là, après vous avoir laissé jouir un instant du coup-d'œil, vous avoir laissé un moment étonné, ébahi, comme lorsqu'on arrive sur la plate-forme d'un panorama, j'aurais entamé l'explication à mesure que les objets se présentaient à nous à la file les uns des autres. D'abord, derrière vous, voici quelques monumens, le Louvre, les Quatre-Nations, les Invalides; là-bas, dans le lointain, c'est l'Étoile, un échafaudage que je vous prie de prendre pour un monument ; ici, sur votre tête, Henri IV ; vous l'avez reconnu. Il est encore matin, et cependant, voyez, tout Paris est déjà dehors ; au milieu de ces fiacres, de ces tombereaux, de ces traîneaux montés sur des roues, remarquez ces équipages armoriés, ces livrées riches et fières qui sortent du faubourg Saint-Germain et se dirigent vers les Tuileries, ces valets qui vont à l'approvisionnement, cette voiture noire, avec un écusson jaune, attelée de huit chevaux qui marchent au pas en secouant la tête, c'est une voiture qui marche à la suite du roi dans les chasses ; voici les livrées royales, les livrées des princes, toutes diverses, toutes variées, et puis un peuple joyeux, insouciant, qui coudoie et heurte au passage toute cette riche cohue, lorsqu'elle le gêne ; dans ce tilbury, c'est un peintre qui se rend à son atelier; dans ce landaw, c'est une tragédienne du second Théâtre-Français, car nous avons deux théâtres rivaux, où l'élite de nos poètes et de nos comédiens lutte tous les soirs de talent et de zèle; il y a rivalité et émulation au profit de nos distractions et de nos plaisirs. Il nous faut toujours deux théâtres pour que tous les talens aient leur emploi ; il y a ainsi terme de comparaison, concurrence, et la concurrence est si utile, surtout en fait d'art, vous verrez !

Maintenant, placé au même point de vue, avec le même coup-d'œil, moi, jadis si échauffé, si animé, descriptif si abondant, vous me trouveriez froid, terne, sans couleur, en présence du même spectacle; je n'aurais plus à vous offrir qu'un programme sans intérêt, au lieu d'un riche dénombrement à la manière d'Homère, que j'aurais pu vous faire. Me croirez-vous quand je vous dirai que ce pavé si encombré, usé par les pas de tant d'allans et venans, s'est réuni un matin, s'est amoncelé, formé en barricades? que toute cette vie s'est trouvée tout d'un coup arrêtée comme un ressort de pendule dévidé jusqu'au bout? Croiriez-vous que moi, qui ai assisté à cette secousse, je me sois couché avec l'image du Paris que je viens de vous faire, et que je me sois réveillé le lendemain avec un Paris tout autre, confus, mélangé, gardant encore de celui de la veille quelques traits épars, quelques signes effacés, tout juste de ressemblance ce qu'il en fallait pour rendre le contraste plus frappant et la comparaison plus triste.

Mais c'est en vain que je cherche à me rejeter dans le passé pour vous reconstruire, à l'aide de mes souvenirs, l'ancienne ville telle que nous la connaissions, en présence de la nouvelle. Je me trouve partout dérouté, dépaysé. Ce monument noir et enfumé là-bas, je ne puis croire que ce soit là l'Institut, à moi connu, avec ses écorchures neuves, les entailles toutes fraîches que les boulets lui ont faites. Ce Louvre, j'ai peine à le reconnaître; je lis bien encore sur sa façade les lignes d'un art froid et correct, l'architecture blanchâtre des siècles modernes; mais dans son intérieur je n'ai trouvé qu'un assemblage;

une cohue de toiles rouges ou bleues accrochées au hasard. Le Louvre, sanctuaire des beaux-arts, refuge du talent, est perdu pour moi; il n'a plus ni vénération, ni prestiges. Paris ne vit plus, n'a plus de mouvement fixe et réglé; il s'agite par secousse, il a quelquefois des convulsions, des attaques subites; au lieu d'un corps bien vif, bien sain, bien dispos, on en a fait un corps de malade nerveux, chatouilleux, se levant, se dressant sur son lit à la moindre émotion, à la plus légère contrariété. Ne regardez pas ce peuple, voyez-vous; ce n'est pas le nôtre, ce n'est pas notre peuple insouciant et flaneur dont vous avez pu entendre parler; d'abord il relève de maladie; vous voyez, il est pâle et défait, il est en convalescence d'un fléau qui s'est attaché presque à lui seul. Mais, même en bonne santé, nous ne le reconnaissons pas. C'est un peuple malheureux, parce que son existence, sa condition s'est trouvée changée. Croiriez-vous que long-temps il se soit laissé bercer à des idées de gloire et d'honneur national, malgré son bon sens et son instinct si sûr ; on lui a donné à entendre qu'à une certaine époque il avait été sublime, et il en est résulté un malaise, une contrainte qui lui donne une allure incertaine et gênée. Il se sent malheureux, ses fêtes accoutumées lui ont manqué toutes à la fois ; mais il n'ose plus comme autrefois se plaindre tout haut et sans détour ; il a perdu son franc-parler. Il craint de se compromettre, il a peur de gâter ce qu'il a fait, et cependant il sent que c'est un rôle qu'on lui fait jouer, qu'on a cherché à lui parler de gloire pour l'étourdir sur sa misère, qu'on a cherché à mettre des croix d'honneur sur ses haillons; en attendant il a eu trois fois plus de maux, de besoins, de misère que ci-devant. On lui a retranché tout ce qui faisait sa joie, souvent sa pauvre existence et sa fortune, et il nous est resté un peuple sans couleur, sans caractère; lui, autrefois si bien marqué au vif, si accentué, si tranché, il a perdu son idiome, son langage, ses mœurs; aujourd'hui il lit le journal, il attend les nouvelles, il fait de la politique; vous pouvez m'en croire, il faut que le peuple soit malheureux pour se mêler de politique.

En sorte qu'autrefois je vous aurais dit:

Regardez cette foule parisienne qui se mêle et se croise, vous n'aurez jamais de spectacle plus varié et plus mobile ; maintenant je vous dirai : Expliquez-moi toute cette foule ; traduisez-moi son mouvement, son agitation, je n'y suis plus. Je cherche en vain, au milieu des passans, à démêler quelques-uns de ces contrastes curieux entre l'équipage de grand seigneur et le tombereau de maraicher, la boue et l'aristocratie ; dites-moi, d'abord vous tout le premier, où est la voiture du grand seigneur qui, dans tous les pays, à tous les siècles, peste et s'impatiente après la multitude qui lui barre le passage. Tout ce quartier de la rive gauche était peuplé de nobles, de grands seigneurs, et maintenant il est désert et vide ; tous ses habitans l'ont abandonné, et vous sentez combien ce monde titré nous manque, ne fût-ce que pour nous simples spectateurs, qui ne trouvons plus l'antique équipage armorié, débouchant le matin de son quartier paisible, forcé d'encourir les hasards et les chances d'encombrement et de station sur les ponts ou dans la bagarre des rues étroites de l'autre rive. Cette foule qui passe n'est plus comme autrefois barriolée, bigarrée; elle est devenue uniforme, se succédant, se renouvelant avec lenteur. De temps à autre, ce sont des bandes qui passent, un drapeau à la main, chantant *la Marseillaise* factieuse et enrouée, allant on ne sait où, n'en sachant rien elle-même, se contentant d'attrister nos rues de leurs cris et de leurs chants lugubres. Nous n'avons plus ni livrée, ni gens du roi, ni voitures de chasse, ni attelages fougueux, ni valets plus fiers que leurs maîtres; rien enfin de ce qui encombrait, variait autrefois si heureusement notre vie parisienne extérieure. Le spectacle de la rue, ses rixes, ses injures, ses batailles, toute la poésie du badaud est perdue sans retour. Aujourd'hui la rue a le spleen; tous les matins elle manque son riche tableau de mouvement, de confusion; c'est tantôt une émeute, tantôt une conspiration qui le fait avorter; souvent même elle reste presque vide, presque déserte jusque fort avant dans la matinée, et cela sans motif, sans cause apparente, sans pouvoir se rendre compte de ce qui la prive de son désordre, de son pêle-mêle de bourgeois, d'artisans, de soldats, d'hommes de robe; rideau changeant, tableau vivant d'une population active, toujours affairée, jamais inactive, jamais les bras croisés.

C'est donc déjà une première jouissance, un premier spectacle perdu que celui de nos rues, de notre Paris vu hors de chez lui. Nous le visiterons ailleurs; nous l'avons vu marchant, allant et venant; nous le surprendrons aussi se promenant, causant, aux musées ou aux spectacles, jugeant et appréciant à sa manière la littérature et les beaux-arts depuis deux années, leur esprit, leurs progrès; nous recueillerons au passage les causeries, les propos, les lambeaux de conversations; mais, en visitant, en examinant, nous n'oublierons pas, s'il vous plaît, que nous visitons une ville malade, rongée de maux, moitié révolution et tout ennui. Du reste, peut-être, cette tournée, entreprise dans un simple but d'observation et de curiosité, ne demeurera-t-elle pas sans utilité et sans profit pour deviner le mal intérieur qui dévore notre capitale. Pour découvrir la cause d'une maladie et pénétrer une douleur secrète, les médecins se contentent souvent d'interroger le visage de leur malade.

Mais comme vous pâlissez, monsieur !

— Je me sens, en effet, mal à l'aise, me dit-il. — Voulez-vous que nous rentrions ?

Et nous rentrâmes à notre hôtel, tout pensifs.

MAISONS DE PLAISANCE.

CHAPITRE IX.

Maisons de plaisance.

Rentré chez lui, ce premier malaise se dissipa; notre conversation reprit son cours. — Le même désordre a-t-il gagné les dehors de la ville? demanda-t-il. On disait hier que l'aristocratie du faubourg Saint-Germain s'était réfugiée dans ses terres. Cette résolution a dû rendre beaucoup de vie à la campagne : qu'en pensez-vous ?

Je pense, répondis-je, que pour être quelque chose, la campagne a besoin de la ville. Or, la défaite de l'aristocratie a porté un coup fatal aux maisons du dehors : les champs factices des environs de Paris ont besoin, pour vivre, d'être habités royalement; sans aristocratie, il n'y a pas de campagne possible pour Paris. La maison de plaisance est même isolée et aussi triste que le château.

Vous êtes comme moi, je l'espère ? j'aime mieux les maisons de plaisance que les châteaux et les palais; je trouve dans ces simples habitations, où les princes se délassent de la fatigue et des ennuis de l'étiquette, quelque chose de doux et de familier qui laisse approcher aussi près que possible de leurs goûts, de leurs habitudes, de leur caractère intime et privé. J'aime à voir les princes en négligé, après les avoir vus en représentation aux jours d'apparat; après les soins de gouverner, les causeries amicales, la robe de chambre après la pourpre et l'hermine. Mais je dois vous le dire, c'est le contraste qui me plaît; pour avoir du plaisir à voir la royauté en déshabillé, en simples habits, il faut que je l'aie vue auparavant en grand costume, éclatante, splendide, dans un appareil digne de son rang. Il faut qu'un roi sache mettre de côté et déposer volontiers le manteau royal; mais il faut aussi qu'il sache le porter convenablement dans l'occasion, sinon on dirait que l'habit n'est pas fait à sa taille. Je suis comme le peuple, voyez-vous, je tiens aux insignes, aux ornemens, à la richesse de la suite et du cortége; je ne pourrais jamais arriver à reconnaître pour le roi celui que je verrais sans éclat, sans grandeur, sans prestige, avec une affectation de bourgeoisie dans toute sa manière ; en cela, je crois que je serais encore peuple et aussi peuple que lui.

Les maisons de plaisance nous font donc voir les princes dans leur intérieur et leur ménage et même, je dois le dire, dans leurs habitudes et leurs manies. Là, vous savez au juste ce qu'ils aiment, ce qui leur plaît; car ils sont là chez eux. S'ils ont quelque objet d'art qu'ils affectionnent, quelque peinture qu'ils préfèrent, un meuble, une porcelaine, un portrait de famille, c'est là qu'ils l'envoient. Leurs grands appartemens, Versailles autrefois, maintenant les Tuileries, sont ornés et décorés par le tapissier de la couronne et les richesses du garde-meuble, tandis qu'ils meublent eux-mêmes leurs maisons de campagne; en sorte que pour les visiteurs et les curieux tout les révèle et les trahit. C'est un livre encore à demi ouvert et qu'ils lisaient la veille, un cahier de romances sur le piano, une fleur fanée là-bas sur ce meuble; ce sont des riens que vous remarquez au passage, de petites circonstances que vous notez; et puis en sortant vous savez au juste s'ils sont bons ou charitables; vous interrogez ce peu de peuple, le village qui tient à la maison, et d'après ses marques d'affection, ses souvenirs ou ses regrets, vous savez s'ils méritaient d'être aimés, s'ils étaient bienfaisans, s'ils se plaisaient à faire l'aumône eux-mêmes.

Mais, même pour les parcourir superficiellement, sans y attacher des observations de caractère et de mœurs, j'aime mieux la maison de plaisance que le palais. C'est ordinairement toute la perfection du luxe moderne, simple et commode, les petits meubles, les divans, les causeuses, quelque chose d'étroit, de blanc, de mystérieux, tandis qu'au palais ce sont les grandes et belles salles avec des lustres, des meubles antiques, des glaces dont les bordures ont jauni; partout de l'or

passé aux plafonds, aux portes, aux fenêtres.
La différence du château à la maison de plaisance, c'est celle des dorures, du damas, de l'acajou massif, du velours rouge, aux fleurs de chaque saison, à la percale, au coutil.

Cependant, quoique plus triste et plus sombre, le château était encore à voir : celui de Versailles, par exemple, cette grande ruine encore si solennelle, si correcte, si majestueuse. Là, vous comprenez toute la majesté, tout l'ancien prestige de la royauté; vous voyez le roi représenté partout, en marbre, en bronze, en peinture, en pied, en buste, en portrait, et puis les peintures officielles de l'époque logées dans les plafonds; et la salle du Trône, et la salle des

Gardes, et le salon de compagnie, et les devises des rois, et les généraux et les maréchaux de France, Turenne, Villars, toute la cour que vous voyez entrer là-bas à l'autre bout de cette galerie. La maison de plaisance, voyez-vous, ce n'est souvent qu'un caquetage de femmes-de-chambre, des mémoires minutieux et bavards, examinant à la loupe l'épiderme des petits faits privés. Le château, lui témoin véridique, avec ses murs chargés d'inscriptions, avec ses échos lointains, ses plafonds encombrés de peintures, c'est de l'histoire. Il est vrai que pendant long-temps, à l'histoire grave et sérieuse, nous avons préféré les mémoires sans prétention, sans ordre, sans dates précises, avec des mensonges à chaque page, mais cela bien avant que les mémoires ne fussent passés de mode.

Vous voudrez donc certainement voir nos châteaux ou nos maisons de plaisance, peut-être même tous les deux; et cependant comment vous faire comprendre que nous n'avons plus ni maisons de plaisance ni châteaux depuis deux ans seulement? Les murs subsistent toujours, mais les appartemens sont vides, inhabités; vous pouvez les louer si vous voulez. Et d'ailleurs, quand bien même nos palais, les anciennes demeures de nos rois, auraient été conservés, je vous le demande, de quel œil devons-nous les regarder? quelle contenance devons-nous y avoir? Nous verrons Versailles, dont je vous parlais tout-à-l'heure, et vous trouverez une ville toute remplie des rois que nous devons maintenant oublier et méconnaître ; vous verrez partout au palais les témoignages de leur grandeur, leurs victoires, leurs triomphes, tous les murs peints, ornés, sculptés, avec leur image, leurs hauts faits, leurs batailles, les moindres traits historiques de leur vie privée. Les gardiens vous diront : Voici la chambre à coucher du roi, voici la salle du Trône, le salon de réception ; et en sortant vous croirez encore malgré vous à Louis XIV et à ses descendans ; vous ne concevrez pas que cette ville, construite toute entière par les Bourbons, restaurée, rajeunie, blanchie du haut en bas par eux après la restauration, puisse maintenant appartenir à un autre. Et voilà pourquoi nous craignons nous-mêmes de visiter nos palais, nous redoutons leur influence : c'est une étrange anomalie. Pour les mettre à l'ordre du jour, il faudrait arracher les toiles et les peintures, gratter les fresques, briser les bas-reliefs. Nos palais attestent dans tous les sens la grandeur des Bourbons que nous avons chassés; en conduisant les étrangers dans leur intérieur, nous nous surprenons à en revenir à des souvenirs, à une famille, à un temps qui n'est plus le nôtre.

Nos rois n'ont donc plus maintenant de palais à eux, mais ils ont au moins des maisons de plaisance? Hélas! non; ou bien, s'ils en ont, nous ne les connaissons pas; nous n'avons pas le droit de les visiter. Si vous saviez combien de luxe frais et fragile a été gaspillé à la suite d'une révolution qui a tout détruit, tout démoli en partie ! Heureusement pour nous, vous n'avez pas assisté à une vente à l'encan, où les marchands, les fripiers, les revendeuses, s'arrachaient les meubles, les cachemires, les dentelles, jusqu'au linge d'une noble famille ; tout un mobilier que par pudeur au moins on aurait dû cacher et enfouir. Je vous parlais tout-à-l'heure de ces maisons de plaisance simples et riantes, où des princes, des nobles enfans venaient respirer le bon air de la campagne ; eh bien ! elles ont été toutes indignement dévastées. On n'a eu pitié de rien, ni des portraits de famille, ni des livres d'étude, ni des habits d'enfans, ni des uniformes, ni des jouets d'enfans, des estampes, des jeux, qui allaient peut-être être si nécessaires dans l'exil. Même en pays ennemi, on sentirait du remords à souiller ainsi tout l'intérieur d'un particulier, piller le salon d'étude, renverser les sphères, déchirer les cartes de géographie, les livres où la veille encore une mère instruisait ses enfans. Notre révolution à nous n'a pas eu de ces scrupules; si vous saviez que son plus grand plaisir a été de faire ainsi de petits pillages; elle n'a pas démoli un château marqué partout à l'effigie d'une famille déchue, elle a bien mieux aimé dévaster en détail des maisons où il y avait à briser, à disperser; elle a reculé devant l'église pour se prendre à l'Archevêché, où il y avait des manuscrits, des livres, des papiers à jeter à la rivière.

Notre révolution n'a même pas eu l'honneur de démolir en grand dans ses actes de destruction; c'était toujours la méchanceté d'un enfant.

Vous voyez donc maintenant où s'en est allé notre luxe depuis deux ans; vous le retrouverez tout entier fané, souillé, en lambeaux, à l'étalage des fripiers. Ces chiffons roses, ces dentelles jaunes, ces bouquets de fleurs avec de la boue au milieu, tout cela c'était la toilette d'une princesse, une toilette frêle et embaumée que nous admirions le soir à la clarté du bal; et voilà comme elle est sortie de nos mains. Je ne vous parle pas de toutes ces souillures, de ces gazes, de ces fleurs artificielles arrangées avec du clinquant sur la tête d'une reine de mélodrame; ces mains d'huissier noires et brutales fouillant ces tiroirs de femmes, maniant ces robes de soie, furetant dans les armoires, dans tous les coins. Un fait, un seul fait pour que vous nous jugiez.

Vous ne savez pas comment chez nous se débite l'eau de Cologne, ce spécifique universel, ce parfum vulgaire que le peuple met le dimanche à son mouchoir. Il s'en vend dans les rues, en boutique, mais aussi sur la place, et là le débitant est accompagné de deux voitures de suite, monté lui-même sur une calèche d'où il offre à la foule sa marchandise. Il a des gens avec lui portant une livrée rouge et des chapeaux à corne; il porte, lui, la même livrée et le même chapeau. Eh bien! monsieur, non pas la voiture où le marchand se tient debout, mais celle qui se tient derrière, c'est une voiture qu'ont suivie les ambassadeurs de toutes les puissances, noble, admirée, la voiture du sacre! Vous la reconnaîtrez encore toute blanche, avec de l'or sur les rayons des roues, des peintures à demi effacées sur les contours, la place des écussons qu'on a grattés; en dedans la toile grise et grossière à la place des coussins blancs. Cette voiture, que nous allions admirer couverte avec grand soin d'une robe de toile cirée, vous la verrez; un cheval borgne y est attelé avec un cuir qui lui cache l'œil, des courroies rattachées avec des cordes, un pompon rouge qui lui couvre le front ; voilà où nous en sommes.

Pour en revenir aux maisons de plaisance, il en est une surtout que j'aurais voulu vous faire voir, parce que nous autres Parisiens nous y sommes attachés, nous l'aimons ; autrefois nous ne la visitions jamais sans plaisir. Je ne sais ce qui nous attirait ; c'était la fête si animée, si bruyante, si poudreuse, la foire qui s'y tient toujours, le parc si frais, si touffu ; c'est de Saint-Cloud que je veux parler.

Mais c'est le château surtout qu'il faut voir au milieu de cette verdure. Je me rappelle qu'il y a deux ans, quelques jours seulement avant les journées de juillet, je me promenais dans cette partie du parc où on voit plusieurs collines de gazon montant en étage; autour règne un amphithéâtre de feuillage, et au-dessus c'est cette colonne mince et isolée qu'on appelle la lanterne de Diogène. Il était dix heures du soir, le château était éclairé, les fenêtres ouvertes; c'était un bal, un bal d'enfans peut-être; on voyait de temps à autre des femmes respirant sur le balcon la tiède senteur des orangers, et les cygnes qui voguaient majestueusement sur le bassin autour de la cabane de bois vert, et le bruit d'un jet d'eau à demi fermé qui bouillonnait dans un bassin voisin. C'était quelque chose de poétique que ce château tout éclairé, tout à jour, avec ses ombres qui dansaient au plafond et ses draperies rouges que battait le vent du soir. Trois jours après seulement, il était bien question vraiment de poésie calme, de fraîches promenades, de danses et de fêtes autour de ce château ! c'étaient des hommes armés qui foulaient les jardins, les parterres réservés, les chevaux qu'on baignait dans les bassins, qui broutaient les charmilles, et, peu de temps après, le peuple, en armes et en haillons, ne résistant qu'avec peine au plaisir de piller le château, passait en jetant un regard d'envie.

Maintenant, plus de fêtes à Saint-Cloud, plus de bals, plus de joyeux cris d'enfans dans le parc. La nouvelle cour y va encore quelquefois, et j'ai voulu voir le château à dix heures du soir, comme il y a deux ans, mais il était triste, sombre, mal éclairé. On n'y danse plus; les Parisiens ont oublié la route. Avec son beau parc, son château, la Seine qui passe à ses pieds, Saint-Cloud est un pays mort depuis juillet : toutefois, cette révolution lui a valu un hôpital de blessés.

— Des blessés de juillet? dit le planteur.

— Des blessés de toutes sortes, répondis-je. Nous avons tant de blessés de tout genre : blessés de juillet, blessés dans l'émeute, blessés par la peste, blessés par la guerre civile, blessés de juin; horribles et larges blessures dont le sang coule encore, alors même que l'on croit la plaie fermée et cicatrisée à jamais!

L'Américain fit le signe de la croix, et il lut dans la Bible.

MUSÉES.

CHAPITRE X.

Musées.

Un autre jour nous parlions de beaux-arts. Bien qu'il arrivât des hautes terres et qu'il fût en général peu frappé de l'utilité des beaux-arts, notre Anglo-Américain les aimait par instinct, comme tout honnête homme doit les aimer. Enivré qu'il est de ces nobles et heureux détails de la civilisation, si l'Américain se passe de beaux-arts chez lui et pour lui-même, en revanche il les estime et il les recherche chez les autres. En France surtout, la force de l'art est portée à un haut degré. Autrefois nous mettions les noms de nos artistes à côté des noms de nos batailles.

Nous avons, pour faire connaître Paris, certaines traditions de famille, comme un programme de cicérone, une série d'édifices, de monumens, de jardins publics, une suite de jouissances successives auxquelles les étrangers pourraient difficilement se soustraire. Suivant le nombre de jours que nous avons à leur faire passer, nous classons les promenades, nous arrangeons les visites par ordre d'admiration et de surprise. Aujourd'hui, les animaux du Jardin des Plantes; demain, une séance à l'Athénée; puis les cours publics, les églises, le bourdon de Notre-Dame, les Invalides, le cabinet d'Anatomie, le Conservatoire des arts et métiers. Nous pouvons, si vous le voulez, suivre dans nos promenades cet ordre marqué. Je dois seulement vous prévenir que c'est à peu près ce que Paris a de moins curieux et de plus ennuyeux. Nous avons l'habitude de montrer aux étrangers ce que nous ne visitons jamais pour notre part, et ce qu'ils peuvent voir aussi bien partout ailleurs dans les cabinets d'antiquités de leur ville, sur les places publiques ou dans les foires, le Jardin des Plantes, l'Athénée, les prédications des saints-simoniens, quand ils ne sont pas cloîtrés dans leurs petites maisons.

Du reste, tous ces monumens, ces objets de curiosité, toute cette tournée d'un provincial, se trouve dans un état parfait de conservation, ce qui prouve l'heureux instinct et le discernement des révolutions, qui anéantissent et détruisent. Nous pouvons même encore visiter quelques bibliothèques : vous verrez quelles heureuses améliorations, quels changemens la révolution de juillet a apportés dans leur régime. Je vous prierai seulement de ne pas parler de nos médailles et de nos manuscrits ; nous n'avons plus ni médailles ni manuscrits, attendu que nous avons eu soin de maintenir un conservateur des manuscrits et des médailles. Ensuite, nous verrons nos églises transformées économiquement en mairies, l'Archevêché, la nouvelle rue qu'on se propose d'ouvrir. Mais cette inspection vous fatigue; vous demandez déjà où sont nos beaux-arts, notre sculpture, notre peinture, où on peut voir leur produit, juger de leurs progrès : c'est là que je vous attendais.

De l'art, monsieur, mais nous n'en avons plus; c'est même déjà un mot vieux, usé pour nous. Si vous saviez comment l'artiste est traité! Si vous connaissiez son intérieur, les ressources d'industrie, de métier, qu'il est chaque jour obligé de déployer pour subsister. C'est pourquoi, voyant combien nos peintres avaient été victimes des secousses, des révolutions partielles qui se sont succédées depuis deux ans à la suite d'une première révolution, on avait résolu de leur livrer chaque année la galerie du Louvre; c'était d'ailleurs le vœu du public : il trouvait les expositions de peinture trop éloignées; non-seulement l'intérêt des artistes en souffrait, mais encore son goût, son jugement, nécessairement faux ou incertain, n'étant mis que de loin à loin en présence des productions des nouvelles écoles. Nous devions donc avoir un musée tous les ans, mais voilà que, pour la première année de cet arrangement, l'exposition est rejetée peut-être à un an, peut-être à deux ans. Mais, le dirai-je à notre honte, à celle de l'art? l'exposition de cette année, toujours nécessaire, indispensable aux intérêts de l'artiste, n'aurait fait que témoigner du peu de progrès de l'art de la peinture. Si vous saviez, à la dernière exposition, que de pages patriotiques, que de toiles rouges, noires ou tricolores, encombrées de barricades, de libertés allégoriques; et surtout que de petits tableaux, de miniatures, de médaillons, de dessins coloriés, de sujets d'album, de petites lithographies lascives! quel abus du talent et du pinceau, que d'avenirs gaspillés, que de gloire perdue! Encore, si toute cette petite peinture, à peine marquée, à peine ébauchée, était du goût de l'artiste, s'il se sentait pour cet art manqué un penchant, une vocation malheureuse! mais c'est que lui-même en gémit tout le premier, déplore cette malheureuse condition du peintre qui tous les jours se voit arraché à sa toile de toute une année pour la gravure, la lithographie de la matinée; et c'est vraiment quelque chose de triste que de voir le talent forcé de se gâter, de se rapetisser, de faire du métier au lieu de faire de l'art, de produire au lieu d'un chef-d'œuvre, une tapisserie marchande!

Toutefois, rassurez-vous : vous vouliez visiter notre musée, nous en avons un, je l'oubliais. Et c'est là ce qui achève de décourager l'art, c'est le dédain, le souverain mépris que le gouvernement semble lui témoigner. Nous avons un musée, monsieur, et j'aurais voulu pouvoir ne pas vous en parler; mais comment faire? les journaux en parlent chaque jour. Je rougis vraiment quand je pense et aux tableaux qui sont exposés et au local.

Figurez-vous, au milieu d'une rue bruyante, dans une allée sombre, à un second étage, quatre pièces de plein-pied, un appartement qui conviendrait peut-être à un receveur pour y loger une danseuse, un escalier en bois, un tailleur au premier, le long du chemin la grisette de la mansarde que vous rencontrez, qui n'a que son escalier à descendre pour être à son atelier; un paillasson, une sonnette, une porte en bois, c'est là; c'est là notre musée de peinture. Vous entrez en craignant de vous être introduit par mégarde chez quelque locataire : rassurez-vous, voici le bureau. On paie maintenant à la porte du musée; heureusement le billet n'est pas hors de prix. Voilà ce que peut l'art, ce qu'on peut pour l'art, jugez : voici de la peinture, voici même de la sculpture; bientôt nous aurons, dit-on, de la musique, un piano et des virtuoses. Vous comprenez maintenant où en est l'art en France; vous le voyez ici entassé, serré; tous les beaux-arts sont ici représentés, la lyre, le ciseau, la palette. C'est un séjour enchanteur, un pandémonium agréable, une bonbonnière, quelque chose de l'heureuse réunion d'artistes que M. Scribe a réalisée dans un de ses drames. Toutefois, le motif excuse tout, justifie tout. Les indigens sont là derrière la caisse; l'art est tout entier à leur service.

Nous tremblons depuis deux ans chaque fois que nous voyons quelque artiste se distinguer et attirer la foule; nous sommes sûrs que derrière son talent de peintre, de musicien, derrière ses tableaux, ses statues, ses concerts, il y a toujours quelque motif honorable de bienfaisance ou de philanthropie. Le peu d'art que nous ayons eu ne nous était pas destiné; il n'était pas consacré aux jouissances du public; c'était pour les pauvres, les Polonais, pour les cholériques. Que sais-je? Nous avons eu Paganini, et il a fallu qu'il jouât pour les pauvres. Vous concevez que c'est là la dernière marque d'abjection et d'avilissement pour l'artiste que de se traîner ainsi à la suite de toutes les infortunes; l'associer aux calamités publiques, ne l'applaudir, ne lui témoigner de l'admiration et de l'enthousiasme que lorsqu'il fait l'aumône avec son talent; comme s'il n'avait pas, comme nous, sa bourse, sa fortune, tribut légitimement levé sur nos plaisirs, avec lequel il peut directement donner, soulager, secourir. Quel malheur!

Nous avons perdu non-seulement l'intelligence de l'art, mais aussi toutes les idées de sa grandeur et de sa dignité; nous n'avons plus d'art, il nous a quittés, et ce qui nous reste, nous faisons tout pour le dégrader et l'avilir. Dans nos réunions, dans nos ateliers, dans nos salons, ne prononcez même plus son nom, n'essayez pas de parler de ses progrès ou de son avenir; les vrais artistes croiraient que vous avez l'intention de les railler.

— A propos de raillerie et de soufflet donné à l'art, voulez-vous en savoir une très-bonne et d'un genre très-nouveau, mon ami?

— Mon ami, me dit-il, je le veux bien, puisque vous le voulez; mais en vérité voilà tant de railleries amassées sur ce beau Paris, qu'elles commencent à me fatiguer horriblement. Ainsi donc, racontez-moi votre nouvelle anecdote, et racontez-la simplement et sans esprit cruel, si vous pouvez.

— Il y a quinze jours, une place était vacante à l'Institut. Il fallait un peintre : l'auteur des *Enfans d'Édouard* tués par leur oncle, l'auteur de *Cromwel*, qui tue son maître et qui le regarde la tête coupée; M. Delaroche se présente.

On lui dit qu'il est trop jeune,

Et on nomme à sa place un peintre émérite de soixante-dix ans, dont vous n'achèteriez pas la collection vingt-cinq francs.

Ingres, voyant cela, se dévorait les poings.

— Ingres, le grand peintre? dit l'Américain; cet homme qui dessine comme Raphaël, celui qui a fait ce beau plafond?

— Lui-même, monsieur; mais vous venez de si loin, vous, sauvage à demi, vous connaissez M. Ingres?

— Ingres! mon ami, et qui ne le connaît pas?

Je répondis aussi gravement que je pus :

— En ce cas là, vous êtes plus avancé que M. d'Argout, notre ministre : il était ministre des beaux-arts depuis six mois, et un jour qu'on lui parlait de M. Ingres il demanda : *Qu'est-ce que M. Ingres?*

BEAUX-ARTS.

CHAPITRE XI.

Beaux-Arts.

Un soir il sortait pour aller au spectacle.

— A quel théâtre faut-il aller ? demanda-t-il.

— Au premier venu, lui dis-je. Ils sont tous d'égale force aujourd'hui et d'égal esprit : c'est la même littérature, bâtarde et belle. Il n'y a plus de premier théâtre; il y a beaucoup de théâtres cependant, de même qu'il y a beaucoup de livres : livres et théâtres de hasard et faits au hasard.

Comme la politique nous ennuie et nous fatigue, comme nous n'avons plus ni gloire nationale, ni respect et honneur à l'étranger, vous concevez que nous avons un aussi grand besoin de distractions que lorsque notre existence politique était calme et glorieuse; que nous voyions nos armes redoutées au-dehors et dans notre intérieur; le repos de la paix, un commerce actif, les beaux-arts vivant et prospérant; jamais de troubles ni d'émeutes. Pour passer quelques soirées, nous allons donc encore quelquefois au spectacle, mais l'hiver seulement, jamais l'été;

ou bien nous essayons de lire quelques livres nouveaux, des romans ou des mémoires; c'est souvent une manière heureuse d'arriver insensiblement jusqu'à l'heure du sommeil.

Croiriez-vous que ces paisibles distractions nous ont été enlevées; que, dans la littérature et l'art dramatique, le contre-coup de la révolution s'est fait sentir avec plus de violence que partout ailleurs, s'il est possible. Concevez-vous ce que peut être la France sans littérature, sans questions d'art, sans discussions critiques, sans poésie?

Voilà pourtant où elle en est: les questions littéraires sont toutes indifférentes; personne ne s'en occupe. Soyez innovateur ou restez stationnaire, renversez ces gloires littéraires nationales, attaquez même des gloires contemporaines, des renommées récentes, pour prix de vos outrages, vous n'obtiendrez même pas un regard d'attention du public; vous en serez pour vos frais d'insultes. Pour être juste, il faut dire cependant que toute notre littérature n'a pas péri en juillet : il nous en est resté une part, un échantillon curieux, ce sont les mémoires scandaleux, les romans au titre attrayant et facétieux. M. Paul de Kock nous est resté, jouissant toujours, parmi les bonnes et les cochers, d'une estime qui menace incessamment de tourner au culte et à l'admiration. Mais les travaux historiques et scientifiques, mais la critique savante, mais la poésie, voilà ce que nous avons perdu. La poésie ! si vous connaissiez comme nous toute son histoire depuis deux ans; son sort, ses vicissitudes. D'abord, après juillet, patriote tricolore, essayant de remettre le dithyrambe sur ses pieds, à la faveur des circonstances; essayant de flatter la dynastie nouvelle; repoussée, rebutée, heureusement pour elle; abandonnée par toutes ses gloires, privée de ses soutiens, de ses appuis; Lamartine, qui depuis deux ans garde le silence, excepté quand on l'insulte. Enfin cette poésie, avec sa réputation de chasteté, son nom de vierge, sa pureté, sa timidité, entra en dernier lieu, et cela tout récemment, au service d'un poète député qui écrit en vers hexamètres à un autre député : lisez ces vers, monsieur, si vous pouvez, et voyez où en est aujourd'hui le langage des dieux, comme on disait autrefois. Déplorez avec nous ce dernier outrage que l'on inflige à la poésie, et jugez si jamais personne oserait se revêtir de ses insignes, après le poète et l'épitre qui vient de lui donner indignement le coup de pied de l'âne.

Le théâtre a été long-temps pour nous un grand sujet de discussion, et souvent même de scandale, à propos de deux actrices rivales, de deux écoles de musique divisées en partis, de drames nouveaux, d'innovation, d'invention, d'intérêt, de vérité historique. Si vous saviez comme maintenant nous sommes loin de tout cela et où en est l'art dramatique! Croiriez-vous qu'à présent, à cette heure de la soirée où il fait encore jour, où nos promenades sont encore ouvertes, dix théâtres à la fois jouent, chantent ou déclament le meurtre, l'adultère, le suicide, le viol, le parricide, la démence, l'hydrophobie, la Grève, les bagnes, les galères, le bourreau? Nous avons heureusement un journal qui fournit à toutes ces exigences de l'art dramatique: c'est un journal qu'on n'apprécie pas assez, qui rend tous les jours de grands services à notre drame dont on ne lui tient pas compte: ce journal, c'est *la Gazette des Tribunaux*. C'est la chronique des assises, de la police correctionnelle, mine féconde de scandale, d'horreurs et de crimes qu'elle exploite tous les matins; c'est une feuille qui vous explique toute notre civilisation, vous donnera tout le secret de nos émotions, et par suite aussi de l'art dramatique; impayable pour la manière dont elle narre, brode et arrange les faits; tour à tour plaisante ou sérieuse, comique ou ensanglantée, vaudeville ou mélodrame; faisant parler tout le monde suivant l'esprit de ses personnages; prêtant des juremens, des dictons, des cuirs et des calembourgs aux ouvriers, aux soldats, aux femmes du peuple, de l'éloquence aux journalistes; parlant le langage des bagnes, des escrocs; jetant sur toutes ses anecdotes de tribunaux, de Cours d'assises un souvenir de drame, une apparence de comédie; toujours au dénouement digne, impassible; sévère avec le président, qui est le personnage capital, l'homme de la fin, le père ou le tuteur moraliste dans les petites pièces, et dans les grandes l'homme de la vertu, le dieu, l'ange, l'envoyé du ciel.

Ce journal, avec son horrible assurance, le sang-froid dont il transcrit les détails d'un viol, d'un adultère, ou dont il enregistre l'arrêt de la veille, les assises, les criminels, les juges, le bourreau et la Grève, voilà... voilà tout le drame moderne. On vole chaque jour à la *Gazette des Tribunaux* ses scènes les plus belles, les plus scandaleuses, pour les mettre sur le théâtre en actes et en tableaux. Jugez par là de l'avenir de l'art dramatique. Mais, vous croyez peut-être que ce sang et cette horreur font la fortune des théâtres, qu'ils se résignent à ces tristes efforts pour voir leurs caisses se remplir chaque soir : nullement; c'est précisément ce spectacle dégoûtant qui détourne le public des théâtres, les femmes n'y vont plus ; cette horreur toute crue les effraie et les dégoûte. Dans ce moment, trois théâtres sont fermés, et je plains encore plus ceux qui ouvrent et donnent des représentations chaque soir; c'est quelque chose de triste, de misérable, d'affamé que les théâtres de Paris ; la misère, la banqueroute est à leurs portes. Comme je vous disais tout à l'heure, trois sont fermés, eh bien! tous les jours il s'en construit d'autres; dernièrement il s'en est ouvert un dans un quartier éloigné, à la place d'une vieille église sculptée. On a badigeonné ou cassé les détails d'architecture du dehors, pour donner à ce gothique vaisseau une apparence de salle de spectacle; on en a fait un édifice arrangé et décoré où on chante sans doute et où on déclame comme ailleurs. Mais, voyez seulement s'il est possible que l'art dramatique puisse échapper; faute d'un public, des salles de spectacle vastes, bien construites, sont forcées de fermer leurs portes, et voilà qu'on en établit d'autres, étroites, malsaines; même dans ce moment, on achète des terrains, on trace des plans de construction : quel inconcevable aveuglement!

On rit, on se moque de l'art dramatique quand on le voit si bas et si mesquin; mais bientôt on déplore et on gémit quand on vient à examiner cette vie de théâtre comme la révolution l'a faite; tant d'entreprises ruinées, tant de fortunes compromises, tant de familles sans subsistance, sans ouvrage! Autrefois on peignait la vie du comédien de province si pauvre, si malheureuse, presque mendiante, sans pourpoint, sans linge, voyageant en habits de théâtre; on en riait, parce qu'on songeait qu'un théâtre de Paris mettait un terme à tous ces maux pour l'acteur de talent. Aujourd'hui, c'est le contraire; nos comédiens se voient forcés de chercher en province ou à l'étranger un abri contre la misère. Bientôt nous nous attendons à voir tous ces théâtres fermer à la fois de désespoir, suspendre des représentations ruineuses; en sorte qu'en leur souhaitant des temps meilleurs, quand nous aurons envie d'un drame nouveau ou d'un opéra, nous aurons recours aux messageries pour nous transporter à Lyon ou à Bruxelles.

— S'il en est ainsi, dit l'Américain, je reste chez moi; mais, hélas! hélas! pourquoi suis-je venu ici?

SALONS.

CHAPITRE XII.

Salons.

Il remit à son domestique sa canne et son chapeau, et la conversation continua. Je le trouvai assez fort ce soir-là pour lui administrer une double dose de désenchantement: nous parlâmes beaucoup des plaisirs d'autrefois, des fêtes, des bals et des plaisirs du salon.

Nous avons toujours eu en France une réputation de causerie amusante, long-temps notre conversation a été citée comme un modèle de grâce, de facilité et de libre allure; nous seuls savions causer parmi les peuples de l'Europe; nous étions vifs, railleurs, effleurant tous les sujets; toujours ouverts à la gaîté, à la bonne humeur. Si vous saviez ce qu'est devenue même cette gloire sans prétention, si vous saviez combien nos salons sont tristes et ennuyés, comme on y cause peu, comme on y cause mal!

Le dix-huitième siècle surtout avait compris l'esprit, les ressources, le jeu de la conversation; celle du siècle précédent était trop grave, trop montée, trop pédante; chacun parlait à son tour, on citait des vers entiers, des lambeaux de prose, du grec, du latin. Heureusement le dix-huitième siècle s'y prit tout autrement; il eut moins de prétention; il comprit que des discours de tous les jours devaient être différens des livres, plus libres, plus dégagés: avec un langage sans limites, sans lois, sans formes arrêtées et convenues, tout en traits, tout en saillies, il sut causer.

D'abord, nous, hommes d'un autre siècle, nous avions compris que c'était là une heureuse manière de passer les soirées que de s'entretenir de sujets et d'autres sans gêne, sans efforts d'esprit, et notre conversation s'était efforcée, tout en restant enjouée, vive et spirituelle, de devenir aussi plus grave et plus posée ; d'aborder certains sujets, certaines matières, souvent plus aisées à discuter avec la vivacité du langage, les saillies de l'à-propos, que dans un livre ou dans un chapitre d'ouvrage. A une certaine époque, vous auriez donc encore trouvé dans nos salons, à côté de discussions politiques, de questions philosophiques, des questions de littérature, de beaux-arts, la nouvelle du jour, le drame en vogue, le programme des fêtes, des bals de tout un hiver : aujourd'hui, plus rien de tout cela.

Soit que nous regardions le mérite de la conversation comme trop au-dessous de nous, ou que notre humeur, comme nation, ait changé tout d'un coup, nous ne causons plus.

Autrefois on savait passer les soirées avec la médisance, le persiflage, tout en jouant aux cartes; aujourd'hui, on ne joue plus aux cartes, on ne médit même plus.

Si par hasard on cause dans un salon, c'est toujours de politique; les journaux ont remplacé les cartes : il y a telle maison où on parlait autrefois littérature et beaux-arts qui se trouve transformée maintenant en club, en assemblée politique.

La politique est dans tous les salons : dans celui-ci on fait de l'opposition, dans celui-là de la république; les discussions, les séances de la Chambre se prolongent jusque dans la soirée. On délibère, on s'interrompt, on s'échauffe; la paix et la guerre, le budget, les Chambres, le bill de réforme, mouvement, juste-milieu, principes, dynastie, quasi-légitimité. Les femmes écoutent sans comprendre.

Quelques-unes ont voulu se mêler aussi de politique; elles ont lu les journaux, elles se sont fait une opinion: nous avons des femmes du mouvement, des femmes juste-milieu; ce sont celles qui s'ennuient le plus.

Nous aimions à danser autrefois, nous avions des bals, toutes nos nuits étaient prises; nous n'avons plus de bals, ou bien, si nous dansons, c'est pour les pauvres, pour les-

Polonais, pour tous les misérables ; nous n'avons cependant pas osé danser pour les cholériques.

Depuis *la Parisienne* on ne chante plus, ou, si l'on chante et si l'on fait de la musique, c'est encore pour les Polonais et pour les indigens.

Ainsi, autrefois, un salon de Paris, c'était tout ce qu'il y avait de plus varié, de plus gai, de plus fou, de plus amusant; à présent, c'est tout ce qu'il y a de plus monotone, de plus languissant; une conversation terre-à-terre, avec des pauses, des lacunes, des redites : on cherche à s'échauffer pour rire, on prend son élan pour se divertir, et on ne se divertit pas et on garde son sérieux.

Nous avons eu tant d'ennui, tant de nouvelles fausses ou indifférentes, tant de faux bruits, de séditions, de conspirations qui ne menaient à rien, tant de ridicules, de petites ambitions, de luttes de partis, tout cela après avoir fait une révolution, tout cela depuis deux ans!

Nous voulons oublier la politique, suspendre les discussions, attendu qu'elles ne nous mènent à rien; nous voulons nous réunir aux dames qui font cercle là-bas à l'écart dans un coin du salon.

Causons : mais de quoi? des théâtres? mais quand on a dit qu'ils étaient morts, que les pièces qu'on voit par hasard sont si horribles ou si niaises qu'on rougit d'en parler, ensuite qu'ajouterez-vous à ce sujet? Parlerons-nous de littérature, de poésie? mais vous savez bien qu'en fait de poésie, nous n'avons plus que les vers de M. Viennet, dont il est impossible de se moquer, parce qu'ils sont au-dessous du quolibet et de la raillerie. Parlerons-nous de peinture, de beaux-arts? mais on nous promet le Musée pour cette année, et voilà qu'on l'ajourne au plus fort de notre ennui!

Pour le présent, nous nous trouvons sans littérature, sans livres, sans peinture, sans Musée, sans poëtes, sans musiciens, sans artistes, sans gloire, sans grandeur, sans délassement, sans plaisirs; dites-nous, je vous prie, ce qui nous reste?

Un frisson le prit aux lèvres, aux artères et par tout le corps; il étendit les bras et poussa un bruyant bâillement.

Je bâillai aussi.

Thisbé aussi bâilla.

Puis, l'Américain alluma sa pipe, et moi la mienne; nous prolongeâmes très-agréablement la soirée, sans rien dire et sans rien penser.

Ce sont-là les seules heureuses soirées que je connais dans l'atmosphère épaisse et fatiguée où nous vivons.

MALADIE.

CHAPITRE XIII.

Maladie.

Il tomba malade; le choléra le prit et le jeta sur le flanc; il eut beau se débattre contre le mal, la douleur lui mit le genou sur la poitrine, et il tomba vaincu dans la lutte. Moi, tout tremblant que j'étais pour moi, j'eus pitié de l'Américain; ce pauvre homme, venu de si loin sur la foi de notre bonheur national, me fit une profonde pitié; je me mis donc à lui porter toutes sortes de secours, et quand il fut un peu revenu j'appelai les médecins.

Le médecin, à Paris, est un être qu'on trouve partout et dans les positions les plus diverses; haut et bas, riche et pauvre, dans un hôtel d'or et dans un grenier, payé très-cher ou vendant des consultations gratuites au Pont-Neuf. Médecins des marquises, médecins des femmes de chambre, médecins d'hôpital, médecins d'enfans, médecins de toutes sortes, de toutes qualités, de toutes couleurs, médecins toujours, quels qu'ils soient, actifs, alertes, infatigables, plongés dans la matière et ne croyant qu'à la matière;

pleins d'humanité, de courage, de vertu, mais peu savans; républicains intrépides par ambition, parlant bien, écrivant mal, pensant peu, indifférens sur le vice comme sur la vertu; volant à la peste comme le soldat vole au feu; ils ont tous dans leur cabinet la gravure d'Hypocrate qui refuse les présens d'Artaxerce, et ils ne comprennent ni comment on refuse les présens d'un roi ni comment on refuse une belle peste quand le voyage vous est payé.

Ainsi est fait le médecin francais. Le choléra, à Paris, les a fait sortir par millions : ceux qui s'étaient faits peintres, musiciens, sceptiques, se sont refaits médecins. Le médecin a tombé sur la ville et l'a enveloppée de son manteau : aussi, quel que fût le nombre des malades à Paris, il égalait à peine celui des médecins.

On les appela donc pour mon ami étranger; ils arrivèrent empressés, bienveillans, prêts à tout. Se trouvant en présence de ce grand corps robuste et fort, bien musclé, large poitrine, larges veines bleues, narines ouvertes, ils pensèrent que ce serait dommage de le laisser mourir, et ils se mirent aussitôt à la besogne de grand cœur.

Le difficile était de trouver un remède : le zèle abondait, mais la science manquait à la médecine de Paris. Le remède, où est-il?

L'un disait: — C'est le chaud! réchauffez la poitrine, soulevez-la par le feu, avalez, respirez du vin brûlant, buvez du punch! Les malades entraient à l'hôpital, criaient : — Garçon, du punch! Et une petite femme, noire et blanche, arrivait auprès du lit, tenant à la main le verre emflammé, et elle servait au moribond la flamme bleue et rouge, et le pauvre diable se sentait ranimé et tout-à-fait bien. — Puis il mourait en criant encore : — Garçon, du punch!

L'autre criait: — Ce n'est pas le feu, c'est la glace; la glace donne du ton et de la vie, la glace ranime, la glace remue! On pilait la glace, le malade avalait la glace; il se soulevait de son lit, il voulait rentrer à sa maison ; — il était mort.

Mort par le froid comme l'autre par le chaud.

Et à chacun d'eux on pendait un numéro à leur cou, et on les plantait debout dans l'amphithéâtre, et le mort du punch avait l'air de regarder avec un grand mépris le mort de la glace, comme on regarde une dupe qui a fait un mauvais marché. Ce que c'est que la vanité !

Puis, après les remèdes extrêmes, les remèdes qui tiennent du chaud et du froid, les recettes venues de loin, les flanelles, le camphre, les médicamens, les sirops, les appareils en toile cirée, les morceaux de citron appliqués sur les tempes, les gouttes du docteur Kouin, et les petits sachets.

L'Américain, entendant vanter tous ces remèdes, se dit à lui-même : *Je suis un homme mort!* Et il tourna la tête du côté du mur.

Il frissonna bien vivement, le pauvre homme : il fut sur le point de rendre l'âme dans un hoquet. Rendant l'âme, il criait encore : O belle France! ô belle révolution de juillet!

Il ne mourut pas. Il était un si robuste habitant des hautes terres; il avait une femme si noire et de beaux enfans!

La convalescence fut longue. La Diète, pâle et sèche, aux doigts rabougris, s'empara de toute sa personne et le dessécha comme fait un herboriste d'une plante dans son herbier.

Les médecins, pour s'en défaire, l'engagèrent à partir, à quitter cet air malsain du beau ciel de France, à retourner dans ses marais et ses forêts à demi pourries, à revoir cabane qui sent le nègre échauffé; car c'est là qu'il fait bon vivre et mourir, disaient-ils.

Lui ne voulait pas partir avant d'avoir vu où en était le bonheur de la France, où en était la révolution de juillet, comment était fait ce grand peuple dont on lui avait tant parlé.

Moi, le voyant si obstiné, je l'entourais de plus de soins que jamais, et, pour le forcer à partir, je fis tous mes efforts pour lui faire voir la France telle qu'elle était.

J'invitai quelques amis à venir voir de près un homme qui était jaloux de notre bonheur. La chose leur parut si curieuse qu'ils furent tous fidèles au rendez-vous. Un homme qui admirait juillet! Ils vinrent: ils trouvèrent notre homme assez raisonnable sur toutes les choses qui n'étaient pas notre histoire; mais sur l'histoire moderne, il était absolument intraitable : c'était sa folie, et, malgré ce qu'il avait vu, malgré ce qu'il avait entendu, il n'en revenait pas absolument.

On avait beau faire, il parlait de la prospérité du commerce. On lui montrait les ventes à l'encan dans le *Journal de Paris*, les boutiques à louer, les faillites affichées à la Bourse, et Bicêtre regorgeant de vieillards sans asile; notre homme disait qu'on se moquait de lui.

Il parlait de la ville, on lui prouvait qu'elle était déserte et nue. — De la province, on s'y battait à outrance. — De l'hôpital, il était plein. — De l'église, elle était vide. —

Du trésor public, on lui racontait l'histoire de M. Kesner, de ses petites filles et de son énorme déficit.

— Et Benjamin Constant? disait-il, on lui disait : Mort. — Et M. de Lamartine? on lui disait : Académicien. — Et M. de Lafayette? Destitué. — Et M. de Chateaubriand, le grand poète? En prison!... Il faisait le signe de la croix et il disait qu'on se moquait de lui.

Un autre jour, j'arrivai et je lui racontai les nouvelles les plus récentes. Il était sur le point de dire : Vous mentez !

— Monsieur, lui disais-je, cela est si vrai

qu'on a arrêté madame de Larochejacquelein dans un four.

Il levait les épaules.

— Et, ajoutais-je, la duchesse de Berry est en France et elle a traversé en calèche le pont de Bordeaux.

Il demanda à boire un peu de vin de Séguin.

ROMAN.

CHAPITRE XIV.

Roman.

Un beau jeune homme aux cheveux blonds, à l'œil noir, entendant parler de la duchesse, se prit à soupirer profondément.

— Pourquoi soupires-tu, cher Ernest?

— Hélas! s'écria le beau jeune homme,

hélas! je pleure la poésie qui se perd, je pleure le roman qui s'en va, je pleure ce grand sujet de drame que nous perdrons nous autres, et qui s'en va à nos neveux, comme on dit, lesquels neveux n'en profiteront pas, je pleure le roman qu'on pourrait faire avec le titre tout simple *la Duchesse de Berry!*

Celui-ci, qui était poète, qui était un écrivain animé et coloré, lui, le beau jeune homme, se mit à le décrire ce roman qu'il aurait fait si beau s'il eût voulu.

« Elle arrive, elle tombe en France; elle touche le sol au moment où la loi lui défend de toucher ce sol; elle a bravé la mer, elle a baisé le rivage de France ; elle a arboré la couleur blanche et le drapeau blanc sur les hunes, sur les tours désertes, sur le clocher des églises villageoises; elle a fait revivre Cathelineau et Charette. Le gouvernement s'émeut et s'inquiète. — Où est-elle, où n'est-elle pas?..... On la cherche, on ouvre de grandes mains pour la prendre ; elle, légère comme l'oiseau, glisse entre ces doigts épais et gluans en criant: *Vive Henri V!* Elle est femme, elle est reine, elle est princesse, elle est vagabonde, elle couche sur la dure, elle est chrétienne, elle est sublime. Quelle femme, quel cœur, quel courage, quelle attitude !..... Seule, toute seule, elle se montre partout, soutenue par la voix de son fils. Elle couche sous un buisson, elle passe la nuit au bruit du vent et des coups de fusil qu'on tire près d'elle et sur elle.

» Le feu est aux arbres, le feu est aux chaumières, le feu est aux églises, le feu est au palais, le feu est partout; elle aussi elle est partout. On prend tout le monde, on ne la prend pas elle! On voit tout le monde, on ne la voit pas elle! Esprit de l'air, esprit du feu, esprit du ciel, esprit de la mer; voix prophétique, arche d'alliance aussi, sainte femme, charmante femme, sainte et profane duchesse! »

Disant cela, Ernest avait les yeux levés au ciel et les mains jointes. Il était beau, notre Ernest!

L'Américain, l'entendant parler, se souleva de son séant plus calme, moins frénétique, mieux portant.

Je laissai Ernest se calmer.

SUITE.

CHAPITRE XV.

—

Suite.

Il se calma, puis il reprit : — C'est une grande guerre, messieurs, une guerre poétique; des enfans qui refont ce qu'ont fait leurs pères! un Charette qui meurt portant sur sa poitrine le scapulaire de son père! Jeanne d'Albret qui revient au nom de son fils! Mon Dieu! mon Dieu!... Puis, Ernest, au comble de l'enthousiasme, se mit à prêter l'oreille comme s'il eût entendu quelque grand bruit venir de quelque part.

— Écoutez, écoutez, le son du piano; on chante; les jeunes voix, les voix si fraîches et si pures, l'instrument qui chante, le salon qui s'illumine, les fleurs à peine écloses, la fête là-bas, et le coup de feu au premier étage; le bruit du mousquet, les chœurs aériens, les poitrines de femmes, les roses, les flammes! Entendez-vous ces chansons et ces cris de guerre? entendez-vous mourir ces héros et ces femmes? Le toit est enflammé, l'escalier n'est qu'une ruine, les poutres craquent, les assiégeans reculent muets d'horreur! Au château personne ne remue : on dirait le bûcher des templiers! Puis tout à coup la masse tombe, la lumière s'éteint, le feu cesse, la vapeur expire, tout est mort! Quelle histoire, ô mon Dieu! quelle histoire pour Walter Scott!

Ernest essuya une larme qui roulait dans sa paupière.

— O château de la Pénissière! s'écrie-t-il ; grande ruine! ô fumans décombres tout remplis de jeunes cadavres! Je donnerais mon bras droit, messieurs, pour que la duchesse de Berry fût morte là. C'est une noble mort que lui devait le ciel!

On vint dire à Ernest que sir Walter Scott venait de mourir.

Ernest lève les yeux au ciel. — En ce cas-là, dit-il, personne au monde ne fera notre roman. Soumettons-nous.

Gustave, qui était là tout pensif, prit la main d'Ernest.

— Tu viens de le faire ce beau roman, cher Ernest! C'est un roman qui se fait avec une larme; et puis, vois-tu, tout le monde meurt depuis juillet.

Gœthe est mort.

Benjamin Constant est mort.

Cuvier est mort.

Scott est mort.

Casimir Périer est mort.

Art, poésie, politique, puissance, tout est mort!

TO HU BO HU.

CHAPITRE XVI.

To hu bo hu.

Cette conversation trop intime avait détourné l'attention de notre Américain : on l'oublia, il s'oublia lui-même, et le silence qui régna quelques instans dans cette réunion de jeunes courages établit entre tous ces esprits divers une grande communauté de sensations. Le silence durait depuis quelques minutes, quand un des assistans, homme fait, homme d'un grand mérite et d'un sens droit, se levant à demi de son siége, résuma en ces termes l'étrange situation de cette France que le pauvre Américain était venu voir de si loin :

— Changeons de ton quelque peu, s'il vous plaît; soyons plus graves : il n'est plus le temps où nous cachions nos regrets et nos douleurs sous une légèreté apparente. Tant qu'il ne s'est agi que de nos chagrins personnels, nous avons fait bon visage ; aujourd'hui, il s'agit du deuil de la patrie et des meilleurs citoyens, notre parole ne peut être trop solennelle et trop triste.

Que se passe-t-il? où sommes-nous? et quelle loi est aujourd'hui notre souveraine maîtresse? Dieu le sait! Plus d'histoire, plus de société, plus de loi. Vous souvenez-vous de la tour de Babel?

A la tour de Babel advint la confusion générale des langues, personne ne s'entendit plus; aujourd'hui, ce sont mieux que les langages qui se confondent, ce sont les héroïsmes. Les guerriers s'entassent pêle-mêle, les révolutions se heurtent, les jours mémorables montent en croupe les uns sur les autres. Par exemple, on parle de blessés. — Quels blessés? — On parle de trois journées. — Quelles trois journées? — On parle de vainqueurs. — Quels vainqueurs? — Et de la liberté. — Quelle liberté? La tête s'y perd! Mais, je vous prie, quel est le jour de l'année qui n'annonce pas une nouvelle émancipation de l'humanité? quel mois n'a pas fait sa trouvaille inconnue dans les droits de l'homme, cette mine inépuisable? L'architecte de la tour de Babel lui-même ne concevrait rien à notre calendrier.

Malheureux peuple que nous sommes! à quels changemens nous sommes exposés d'un jour à l'autre! Ce qui était vertu la veille est vice aujourd'hui! ce qui est héroïsme aujourd'hui sera peut-être crime demain! Que de drapeaux élevés dans les airs et renversés dans la fange!

Nous avions autrefois 89 et 93, et puis

l'empire, et puis les journées de la révolution ; est venu juillet, ère nouvelle qui a tranché net le passé aussi bien que l'ère chrétienne l'avait tranché. Aujourd'hui, au lieu de juillet, c'est juin que nous avons. Juin a détrôné juillet, juillet l'immortel ; ce juillet d'airain n'est plus qu'un vain nom. Dans un mois, quand elle reviendra l'anniversaire fatale, elle trouvera que juin a renversé juillet ; juin s'est assis dans le fauteuil de juillet ; il a pris sa cocarde et son air joyeux, sa livrée et son jour de triomphe ; il se pavane et s'enorgueillit à sa place ; c'est juin qui aura cet année les cénotaphes en bois noirci de M. d'Argout, les vers de M. Delavigne, le Panthéon de M. Éric-Bernard le comédien, l'esprit-devin dans des vases de terre et les éléphans en terre cuite de la Bastille. Quand le mois de juillet va revenir, il sera bien étonné, n'est-ce pas, lorsqu'il verra le 6 juin assis dans le triple fauteuil des trois journées, le 6 juin en habit de garde nationale et en schakos de soldat de la ligne, qui le regardera à peine et qui lui dira avec insolence : —Chacun son tour; c'est moi qui suis juillet !

Révolution ! mot terrible autrefois et d'un sens terrible, mot nul aujourd'hui et sans aucun sens. Aujourd'hui, le mot terrible, le mot qui refoule le sang vers le cœur, le mot qui fait tomber les têtes, qui remplit les prisons et qui dérange la loi de son cours, le mot terrible et redouté, c'est celui-là : Liberté ! et encore celui-là : Ordre ! Le premier s'est couvert du bonnet rouge, le second s'est assis au fauteuil de président du Conseil de guerre; il n'y a plus de révolution a établir, il n'y a plus que de l'ordre à refaire. Or, l'ordre de 1830 nous coûte aussi cher que la révolution de 89. 1830 pousse à l'émeute, tire le canon dans la rue, brise la loi et entasse dans les cachots deux mille suspects. 1830 aura donc tué moins de monde et fait tout autant de malheureux. O pauvre pays, à qui l'ordre coûte autant que toute une révolution! Soumettons-nous!

Vous développer tout cela, je ne saurais; les faits se confondent et se brisent dans ma tête! La logique a disparu de France encore plus que la santé; la logique, ce commencement de la loi, ce principe du droit des gens. Regardez au deuxième Conseil de guerre ce Geoffroy, malheureux artiste, condamné à mort! et jugez par vous-même de ce qui se passe dans son esprit.

Voilà le fait : ce Geoffroy, le reste de douze enfans et qui consolait sa vieille mère de la perte de dix fils morts au champ d'honneur! jeune homme exalté par l'art qui ne réfléchit pas, et par la misère qui réfléchit mal, il devient républicain, croyant devenir bonapartiste comme ses frères; il se bat, il est pris, il paraît devant ses juges. — Il est condamné. — Or, savez-vous quelle loi le condamne, lui, le républicain Geoffroy?

Il est condamné, lui républicain, par une

loi de la république! Il est mis à mort, lui républicain, et ses biens, si l'artiste a des biens, sont confisqués au profit de la république! c'est la république qui est contre lui, républicain. Que voulez-vous penser de cette anamolie sanglante? Mais, mon Dieu! si vous voulez que l'esprit des hommes résiste à tant de contradictions cruelles, faites donc que leur esprit soit plus intelligent et plus fort.

To hu bo hu! Quand la Bible a voulu peindre le chaos, elle n'a pas trouvé d'autre mot plus significatif et plus vrai; tous les élémens étaient confondus, la terre était *to hu bo hu!*

Gardons le mot de la Bible: la société est *to hu bo hu*. Société qui se croyait en progrès et qui se trouve en retard; société qui se croyait affermie sur sa base et qui se trouve chancelante; société qui a passé à travers tout ce que la liberté a d'extrême, qui croit avoir achevé sa course, atteint son but! Et il se trouve que le but recule plus que jamais, et il faut que cette course recommence; et il faut que cette société marche et marche encore çà et là, par monts et par vaux, n'ayant plus pour se soutenir ni les croyances d'autrefois ni même les illusions de la veille. Illusions et croyances, tout est mort pour nous; cependant nous vivons encore, et il faut marcher en avant! Quelle fatigue quand on ne sait plus où l'on est, où l'on va!

To hu bo hu. Tout est confusion et prestige! Le mort lui-même, quand on célèbre ses funérailles; se demande dans la bière si ce sont bien là des funérailles? Les partis eux-mêmes, traqués et battus de toutes parts, dans cette profusion de bannières qu'on leur prête, dans cette confusion de mots d'ordre, sous ce bonnet rouge qui apparaît dans les deux camps porté par une main invisible, comme le *labarum* de Constantin, se demandent quelle est en effet leur bannière et quel est en effet leur parti? Ils se touchent de haut en bas pour savoir si en effet ce sont eux-mêmes! Fatale, trop fatale influence d'un gouvernement sous l'autorité duquel éclatent à la fois, en France, deux guerres civiles, sans qu'il ait pu rien faire pour les empêcher! Quand il y a révolution, la place d'un gouvernement est à l'extrême : de cette manière il n'y a qu'une liste de proscrits, une liste de victimes, un seul bourreau, un seul tribunal, une seule prison, une seule loi d'exception pour un seul parti. Deux partis dans une guerre civile, grand Dieu! c'est trop, sans doute! mais trois partis, trois partis qui se battent! Quelle nation dans le monde pourrait y suffire? Répondez!

C'est là un grand malheur et sanglant, s'il en fut. Voyez! ici je ne discute pas la loi, je discute le fait; je ne défends pas le jeune Vendéen, je pleure sa mort. Voyez, le jeune Cathelineau tombe mort; on le reconnaît à son scapulaire et à son rosaire, comme on eût reconnu son vieux père si chrétien. Le jeune homme est mort! c'est bon.

Voyez encore! toute la Vendée est bouleversée; on s'égorge, on se brûle; de jeunes filles de seize ans tombent, le front brisé d'une balle, avant d'avoir fait leur première communion. Pauvres filles si blanches! c'est bon!

Voyez! les femmes se mettent à fuir dans les champs. Il y en a une qu'on croit morte, qui couchait sur la dure, une femme, Marguerite d'Anjou en personne! c'est bon..

Oui, c'est bon! car c'était un commencement de guerre civile, et permis à vous de lutter contre elle, de tout faire, si vous pouvez, pour l'étouffer!

Mais, voyez encore, et c'est cela qui est mal, et c'est cela qui est funeste aux deux partis, à nous comme aux autres, voyez cela! il faut que les républicains viennent envahir les balles destinées aux chouans! il faut que Paris dispute à la Vendée sa loi de guerre; il faut que les maisons de la rue Saint-Merry s'abîment les unes sur les autres par émulation pour le château de la Pénissière; il faut que vous fassiez payer aux deux partis la fausse position que vous, ministres, vous avez prise; ne faudra-t-il pas que nous mourrions tous, nous autres, parce que vous n'êtes d'aucun parti? Eh! mon Dieu! nos seigneurs, le sang des uns ou des autres est de trop. Si vous aviez été carlistes, les carlistes ne mourraient pas; ne pouvant être carlistes pour deux raisons, pourquoi ne pas vous faire républicains? le sang républicain n'eût pas coulé, et nous aurions, nous autres, cet avantage qu'on ne dirait pas aux royalistes : *Vous êtes unis aux républicains!*

Mais non, il faut que nous ayons double crime, double cocarde, double haine. Il faut à votre tour que vous ayez double hache, une hache à double tranchant. Quand un de nous est traîné dans la rue, il faut que le peuple crie à la fois : Au républicain et au carliste! puis voyez encore où cela nous mène! De sommités en sommités, de républicains en carlistes, de la Vendée à Paris, du château de la Pénissière à la rue Saint-Merry, du Conseil de guerre de Nantes au Conseil de guerre de Paris, il est arrivé que la révolution a porté la main sur deux hommes que la révolution, quand elle était petite fille, adorait comme des dieux, M. Hyde de Neuville et M. de Chateaubriand.

L'un, après avoir été le héros de l'ordre légal, après avoir donné sa démission de ministre le jour où la Charte ne put plus tenir, est arrêté dans son lit, malade, à côté de sa femme malade, malgré les instances d'un vieux serviteur qui demandait deux heures de répit pour son maître! L'autre, c'est M. de Chateaubriand!

M. de Chateaubriand! Il est impossible de toucher à cet homme. Cet homme, c'est le poète de la nation, c'est le génie chrétien de notre monde politique; c'est le seul royaliste de la France qui ait impunément flagellé la royauté, car il l'a battue en poète qui s'exalte et qui s'aveugle, car il lui est revenu à ses jours de malheur, car il a été fidèle à l'infortune, car il a revêtu une dernière fois son habit de pair pour prononcer l'oraison funèbre du roi de Cherbourg, et puis, galant homme qu'il est, il a donné ce noble habit à son dernier valet de chambre pour lui payer la moitié de ses gages! S'étant élevé à la condition de simple citoyen, s'étant refait écrivain et poète, d'homme d'État qu'il était, M. de Chateaubriand s'était retiré dans sa maison de verre, autant pour être vu de tous que pour tout voir plus à l'aise. Il a écrit tout haut; il s'est livré, la poitrine ouverte, à qui voulait l'ouvrir pour y lire plus à l'aise; lui-même il a donné son propre signalement à la police. Ainsi sont faits les vieux royalistes, héros jusque dans les fers.

Je me résume: Où sommes-nous? où allons-nous? où est la loi? M. de Chateaubriand soutient que la société politique n'existe pas, a-t-il raison? où est le crime, où est la vertu? quel est le mot d'ordre de la France? La Bible répond : *To hu bo hu !*

Le duc d'Orléans lui-même l'a éprouvé plusieurs fois dans son voyage. Le maire d'une ville, le voyant passer, se met à crier à tue-tête : *Vive le duc d'Angoulême!*

Un gouverneur de ville s'en va dans les rues portant un uniforme fleurdelisé.

Un général, à la revue de Toulon, crie : *Vive le duc de Bordeaux!* jetant son chapeau en l'air.

On envoie ce général aux arrêts.

Le duc d'Orléans, à son tour, l'invite à dîner.

Et le pauvre général se répète en se couchant le soir : *To hu bo hu!*

RÉSUMÉ.

RÉSUMÉ.

A la suite de cette conversation, notre malade tomba dans une profonde léthargie, dans des rêves funestes. — Il ne mourut pas.

Quand il se réveilla, il entendit des coups de fusil, il vit des blessés qu'on portait sous sa fenêtre; le canon faisait grincer les vitres. — Est-ce juillet? dit-il d'une voix faible.

— C'est la parodie de juillet, répondis-je en lui prenant la main. Pauvre homme!

— Suis-je fou? me dit-il.

Je lui répondis : *Il faut partir.*

Alors, par un instinct subit, il se leva, et, appuyant sa tête sur ma poitrine comme un homme qui résume un rêve :

— Notre roman est-il fini? le roman d'Ernerst?

Puis il reprit : — Avant de partir, je veux voir *l'Élysée-Bourbon.*

Et le jour où il partit, pâle et exténué de fatigue, je lui brisai le cœur quand je lui dis :

— Il n'y a plus en France ni Élysée ni Bourbon depuis la révolution de juillet.

Et, de retour chez lui, dans cette Amérique lointaine et si heureuse, il répétait quand on lui parlait de la France : — *To hu bo hu!*

FIN.

www.ingramcontent.com/pod-product-compliance
Lightning Source LLC
Chambersburg PA
CBHW051912160426
43198CB00012B/1861